Es war ursprünglich nicht meine Absicht einen Neudruck von Merswins Neun-Felsen-Buch als drittes Heft den beiden anderen (Schriften aus der Gottesfreund-Literatur 1927) folgen zu lassen. Nachdem mir aber mehrfach der Wunsch nach einem solchen nahegelegt worden, zudem K. Schmidts Ausgabe vom Jahre 1859 längst vergriffen ist, glaube ich durch diesen Neudruck das Gottesfreund-Problem wirklich fördern zu können, indem nun die drei sogenannten Autographa jedem bequem zur Hand sind, insbesondere auch eine Wiedergabe der Alphabete Merswins und des Gottesfreundes dem graphologischen Studium der Autographa zugute kommen dürfte. In der Einleitung habe ich das wenige nachgetragen, was mir seit meinem Aufsatz im 34. Bande der Zeitschrift für deutsche Philologie S. 235 ff. über das Neun-Felsen-Buch bekannt geworden ist.

Halle, im Juli 1928.

Ph. Strauch.

Schriften aus der Gottesfreund-Literatur

3. Heft

Merswins Neun-Felsen-Buch
(Das sogenannte Autograph)

Herausgegeben

von

Philipp Strauch

Max Niemeyer Verlag

Halle (Saale)

1929

Altdeutsche textbibliothek, begründet von H. Paul †,
herausgegeben von G. Baesecke
nr. 27

Druck von Karras, Kröber & Nietschmann Halle (Saale)

Die Handschrift, die das sogenannte Autograph von R. Merswins Neun Felsen enthält, entstammt der Bibliothek des elsässischen Literarhistorikers und Archäologen Christian Moritz Engelhardt,[1]) aus der sie K. Schmidt 1858 käuflich erwarb; auf ihr beruht der 1859 veranstaltete Abdruck. Aus Schmidts Nachlaß kam die Handschrift dann in die Straßburger Landes- und Universitätsbibliothek: L. german. 665. Cimel.[2]) Schmidt hat im Jahre 1865 auf Grund einer Note von Schweigheuser[3]) im Exemplar des Großen Johannitermemorials in folio vorne den Vermerk eingetragen, daß das Original dieses Buchs von den neun Felsen, von R. Merswins eigener Hand geschrieben, anno 1708 in der Kommende zu Schlettstadt gefunden und den 23. Juli wieder nach Straßburg gebracht worden sei, freilich mit Verlust 'bis 10 Blätter', die aus dem gegenwärtigen Exemplare ergänzt wären. Es sind vielmehr 11 Blätter, die verloren gingen und die in der jetzigen 59 Blätter umfassenden Papierhandschrift (doch beginnt der eigentliche Text erst auf Bl. 2) der Bibliothekar der Johanniter im Anfang des 18. Jhs. aus einer der älteren Kopien ersetzt hat. Die fehlenden Originalblätter hatte Schmidt in seiner Ausgabe durch eckige Klammern im Texte kenntlich gemacht; auch dieser Neudruck hat sie beibehalten; es sind die Blätter 2. 13. 14. 38. 40. 42.

[1]) S. Allgemeine deutsche Biographie 6, 138.
[2]) S. A. Becker, Die deutschen Hss. d. Kaiserl. Univ.- u. Landesbibl. zu Straßburg S. 54; K. Rieder, Der Gottesfreund vom Oberland S. XV f., 98 ff.
[3]) S. Rieder, Gottesfreund S. XVIII.

45. 47. 49. 57. 58, im Neudruck S. 1, 1—3, 29;
33, 31—40, 23; 112, 2—114, 22; 117, 26—120, 20;
123, 8—126, 2; 131, 16—134, 4; 136, 25—139, 12;
141, 32—144, 24; 163, 11—167, 19. Vor Bl. 1 ist
eine Ansicht des Johanniterhauses auf dem Grünen
Wörth: A° 1633 destructa eingeklebt. Auf Bl. 1ᵃ steht
vom Bibliothekar der Johanniter aus dem Anfang des
18. Jhs. eine lat. Vorrede an den Leser, in der gesagt
ist, daß dies Buch von R. Merswin *manu sua propria*
geschrieben sei, was außer Zweifel stünde, da die Schrift-
züge sich mit der Urschrift des Buches von den vier
anfangenden Jahren deckten. Bl. 59ᵇ ist mehrfach be-
kritzelt, zeigt u. a., von einer Hand des 15. Jhs., folgende
fortlaufend geschriebenen Zeilen: *Ich weiz wol daz ich*
für (?) *und mag doch nút abe lon Die mineccliche zarte,*
von der ich so grosen kůmer han, und doch so wil ich
warten, ir angesiht mir můt und frôde git, die ich so
selten schŏwen sol etc, außerdem noch *Wer dis bůch*
vindet der sol es wider | geben durch got er sy ritter
oder kneht |, das folgende z. T. unleserlich und un-
verständlich.

Für das sog. Merswinsche Autograph ist folgendes
charakteristisch: der Schreiber hat so gut wie ganz
auf Interpunktion verzichtet, desgleichen verfährt er
mit Absätzen äußerst sparsam. Wenn er einigemal den
gleichen Satz oder eine Reihe von Worten doppelt
schreibt, um dann das Versehen zu tilgen, so dürfen
wir daraus wohl auf Abschrift, auf Reinschrift nach
einem Konzept schließen. Gelegentlich ist Ausgelassenes
nachträglich eingefügt. Auch Schreibfehler sind nicht
ganz selten. Auffallen muß die häufige Zerlegung
komponierter Wörter mitten in der Zeile, namentlich
in der ersten Hälfte der Hs. Ich habe Zeitschr. f.
deutsche Phil. 34, 259 zahlreiche Beispiele angeführt,
ich erinnere hier nur an *unan genommen, umbe hůt,*
umbe kant, in der willen für *underwilen.* Auch das
Präfix wird von seinem Stammwort abgetrennt, z. B.
vir̯ borgener. Über die Schreibung *eew,* namentlich
häufig in *eewig* und seinen Ableitungen, aber auch in

seeweht, leewe vgl. Heft 2 dieser Schriften S. VIII. Das Zeichen *ĕ* begegnet, von einigen vereinzelten früheren Stellen abgesehen, erst in der zweiten Hälfte des Manuskriptes häufiger. In der Anwendung oder Nicht-anwendung diakritischer Zeichen, die selbst wieder mehrfach variieren, herrscht merkwürdiges Schwanken. Im einzelnen ist die Schreibung im Neun-Felsen-Autograph bereits im zweiten Heft von mir gewürdigt worden (S. VII ff.). Hervorgehoben zu werden verdient der überaus oft begegnende sekundäre Einschub von *n*, s. a. a. O. S. XIII.

Die in der Zeitschr. f. deutsche Phil. 34, 267 ff. mit-geteilte Kollation des Autographs, wie es Schmidt s. Z. abdruckte, hatte ganz vereinzelt auch auf andere Hand-schriften wie E G K m m S Rücksicht genommen und deren Lesungen vermerkt. Ich habe dies Verfahren auch im Neudruck beibehalten. Ausgeschlossen von der Ver-wertung blieben selbstverständlich die ergänzten Blätter, für die Schmidt die älteste (auf Pergament aus der zweiten Hälfte des 14. Jhs. [E]) der drei Abschriften, die die frühere Straßburger Stadtbibliothek besaß, heran-gezogen hat. Vgl. Schmidts Ausgabe S. IV f. und schon Tauler S. 180 Anm. 3; Rieder, Gottesfreund S. 99 ff.

Über die sonstige Überlieferung der Merswinschen Neun Felsen habe ich a. a. O. S. 259 ff. das nötige zu-sammengetragen: es handelt sich um Handschriften in S. Gallen[1]) (G), Königsberg (K), München cgm. 452 (mm), Stuttgart (S), zu denen sich noch die Freiburger Hs. Nr. 470 4⁰ (Rieder, Der Gottesfreund vom Oberland S. XVIII) gesellt, desgleichen die Mayhinger Hs. III Deutsche Hss. fol. 4,[2]) ein schöner Lederband in Gold-schnitt mit dem Wallensteinschen Wappen und Namens-zug, aus dem J. 1409 (Bl. 127ᵈ): Merswins Neun Felsen

---

[1]) S. 259 Z. 1 v. u. ist die Ortsangabe zu streichen: es handelt sich vielmehr um das S. Georgen Frauenkloster S. Wiborada bei S. Gallen.

[2]) Dagegen bietet die Mayhinger Hs. III Deutsche Hss. 4⁰ 4 (vom Jahre 1434) Bl. 28ᵃ — 81ᵃ die kürzere Fassung und stellt sich zur Wolfenbütteler Hs. W.

füllen, von einer dritten Hand geschrieben, Bl. 133ᵃ bis
178ᵇ: Anfang: *Diss ist der anvang und auch die erst
materie diß puchs zum ersten wie ein mensch betwungen
ward von got,* s. unten im Text 1, 26.

Die aus den Kreisen der Brüder vom gemeinsamen
Leben hervorgegangene, in niederdeutscher Sprache ab-
gefaßte Hildesheimer Handschrift, Beverinsche Bibl.
Nr. 724ᵇ (s. Zeitschr. f. deutsche Phil. 41, 19) gibt
Bl. 2ᵃ—68ᵇ unsern Text in anfangs etwas gekürzter
Gestalt; auch ist Bl. 29 (63, 28—72, 13) abhanden ge-
kommen. Wenn es in dem dem 15. Jh. angehörenden
Bücherverzeichnis des Babaraklosters in Delft (Germania
31, 341 Nr. 77) heißt: *Hermans boec van den negen
velden* (!) *IJ warf,* das also zweimal dort vertreten war,
zwingt der eher aus Rulmann als aus Merswin verderbte
Autorname doch wohl zu der Annahme, daß die er-
weiterte Bearbeitung Merswins gemeint ist.

Über die lateinische Bearbeitung[1]) in Hs. 2184 des
Bezirksarchivs des Unter-Elsaß in Straßburg (einst
der dortigen Johanniterbibliothek zugehörig) s. a. a. O.
S. 262 ff.; Rieder, Gottesfreund S. XV. 33 ff. 50* ff. Über
ihren Verfasser Johann von Schaftolzheim, den General-
vikar des Straßburger Bischofs und Augustinereremiten,
die einzige Persönlichkeit, die aus dem engeren Kreise
der Brüder auf dem Grünenwörth herausführt, s. Zeitschr.
f. deutsche Phil. 39, 132; Bihlmeyer in der Seb. Merkle-
Festschrift 1922 S. 51. 58¹⁰. Es handelt sich um eine
freie, Merswins Redseligkeit einschränkende, gelegent-
lich aber auch Dogmatisches weiter ausspinnende und
mit Stellen der heiligen Schrift belegende lat. Über-
tragung, für die Klosterbibliothek hergestellt. Besonders

---

[1]) Eine zweite Hs. befindet sich im Histor. Archiv zu Köln
unter der Signatur G. B 4° 100, Bl. 108ᵃ—171ᵃ, geschrieben
zwischen 1420/25. S. Berliner Sitzungsberichte der Deutschen
Kommission 1926 SA. S. 2. Nach gütiger Mitteilung der Herren
Hansen und Keussen bricht der Text mitten in Kap. XVIII
ab mit den Worten *nec reputabat miraculum stupendum sed
quasi rem solitam nec ob auditum insolitum* (= Bl. 25ᵃ der
Straßburger Hs.).

im Kapitel über die Ehe (Kap. 18 Bl. 17ᵃ ff. [1])) findet sich allerlei gelehrte Zutat, Bl. 23ᵃ werden die Ordensstifter Benedikt, Augustin und Franziskus zitiert. Einige Proben mögen eine Vorstellung geben von der wortreichen, doch schwungvoll und warmherzig abgefaßten Erweiterung; auch an originellen Äußerungen fehlt es nicht in der *Responsio divina*.

In dem Abschnitt 59, 14—31, der die Sittenlosigkeit der Laien wie des Klerus, der *illiterati* wie der *litterati* geißelt, heißt es: *Rursum ipsa lurida* (der Schmutz der Unkeuschheit), *Sathane filia, suc-* (18ᵃ) *crevit per omnia ligna saltus donec ad cedrum Libani.*

Zu 60, 36—61, 26: *Quid vis deum facere? Respicemet utrum non maior portio christianitatis armata sit promptius [ad] consortem nature ad depredandum et rapiendum et ad interficiendum quam ad tradendum corpora sua pro defensione iustitie et unione catholice ecclesie, quam societates persecuntur sine causa, quae dicuntur societates dyaboli. Vide quo spiritu alio inflati sint nisi dyabolico spiritu, (18ᵇ) unus contra alium, uxor contra virum, maritus contra conjugem, filius adversus patrem, filia contra matrem, servus contra dominum, ancilla contra dominam, vulgus contra cives, duces contra civitates, reges contra cardinales, cardinales contra summum caput, summum contra sanctam et pauperem et castam matrem ecclesiam, quam ego acquisivi meo roseo sanguine. Ergo congrue possum illud proverbium dicere: filii matris mee pugnaverunt contra me (Cant. 1, 5). Filii apostolici qui quondam erant spirituales, nunc facti sunt carnales cardinales matris mee, id est romane ecclesie, que est summa mater omnium ecclesiarum, que prior est tempore, etiam potior est iure. Pugnarunt contra me, sed quomodo nunc pugnant contra me? Nempe sicut is, qui secundum carnem natus fuerat, persequebatur eum qui secundum spiritum: ita et nunc. Filii facti sunt*

---

[1]) Ich habe in den Jahren 1905/06 nur von diesem umfangreichen Kapitel Abschrift genommen.

Agareni,[1]) *id est minus devoti, qui volunt esse pauperes sine defectu, nobiles sine despectu. Promptuaria eorum plena, eructantia ex hoc in illud. Ex hoc: id est de minore fastu superbie in maiorem, de minore honore in maiorem honorem, de excellentia in potentiam carnalem, a qua dyabolica potestate ex hoc prolabitur in illud: hoc est infimum baratrum et latum, quod filii carnales desiderant. Numquam enim summi pontifices et cardinales, si essent matris mee veri apostolici viri et spirituales dei cultores, aliquem fratrem persequi contenderent tollendo ab eo aliquid auri et argenti, sed timerent lepram incurrere Gyezi.*[2]) *Immo potius attenderent paupertatem, laborem, humilitatem apostolorum Petri et Pauli, quorum imitatores volunt esse, sed potius emuli et persecutores, ut patet ad oculum, existunt. Ecce sic isti filii iam pugnant contra me, qui deberent vocari videntes, hoc est prophetico spiritu pleni, ad annunciundum ydiotis et ceco populo laycali iram et indignationem meam, ut sancta ecclesia hactenus turpiter denigrata denuo edificaretur. Et ipsi e converso sunt ita ceci effecti, ut eis opus sit, ut ab ydiotis meis argui et increpari mereantur, ut eorum inexplebilis cupido et avaritia iehennalis cessare debeat ad persequendum fratrem suum christianum.*

Zu 65, 21 — 66, 5: (20[a]*) Dico tibi, quod sepe apparet aurum splendidum, quod est cuprum nitidum vel auricalcum. Ecce vultur recipit in terra quindecim passus, antequam ascendere valeat in altum: sed qui vixerant XL vel LX annis nec in omnibus hiis recedebant a terra, scilicet a terrena cogi(20*[b]*)tatione, ut cor suum elevassent per passum pedis ad recordandum beneficium salvationis per crucis recordationem, ut semel saltim aspexissent ad crucis arborem, de qua fructum salvationis colligebant, rationem non habentes, sed more porcorum vitam animalem pascentes, glandes temporalium carpentes nec unam quidem horam me pendentem in quercu crucis pre oculis habentes. — — Dico tibi,*

---

[1]) *Agareni* Ps. 82, 7? populus de radice Agar.
[2]) S. S. XII Anm.

quod periculosum est valde, quod homo infirmus differt penitentiam et contritionem in lectum suum usque in agonem, quia tunc maligni spiritus valde inportuni sunt homini ad mordendum, et sicut cynomie tepidum canem mordent in auribus, sic agonizantem erroneis cogitationibus et fantasticis mordent demones. — — Quia in agone ad contritionem pervenerunt et tempus penitendi neglexerunt, recuperabunt hoc tam amarissimis penis et suppliciis, quod voluissent hic potius decem annis in lacrimis penitentiam egisse quam illic decem diei horis.

Daß es so um die Laienwelt bestellt ist, ist die Furcht und Besorgnis jener Priester, (21ᵃ) *qui communi christianitati erubescunt expresse predicare veritatem sicuti illam prescriptam habent ante oculos stare tam in veteri quam in novo testamento nec volunt illi improperare vitia et adulteria et flagitia eorum et pessima crimina.* Zu 66, 27 ff. 37 ff.: Besteigt aber ein *zelotes, vir illustris et justus pauper et humilis* die Kanzel *(gradum ligneum) ad predicandum ewangelium sincere et nude et aperto ore, mox tot haberet emulos pseudopredicatores et adulatores, qui iacent in suis carnalibus blesis et blandis circumlocutionibus et fucatis, solitis et consuetis glosis, quibus etiam libentius credit plebs, quia multitudo carnalis carnalibus plus crederet notis quam viro ignoto et abjecto, cui mox etiam illi carnales predicatores susurrando contradicerent et sic unus vel duo non prevalerent nisi vellent cervicem morti tradere pro ewangelio Christi. Attamen si paratus esset mori pro defensione iustitiae, tamen fere nullum fructum posset in populo afferre, quia populus iam factus est tam animalis et cecus, puerilis et effeminatus et lascivus et mollis, quod nescit resistere tenuissimis temptelis. Et istud in promptu in litteratis est videre, quanto magis in laycis.* Zu 67, 16 ff.: *Capita christianitatis ex auctoritate summi pontificis sicut habent duos gladios ulciscendi et iudicandi omnem potestatem extollentem se adversus scientiam dei et iustitiam eius, sic unanimiter uno ore et uno corde presules id est archiepiscopi et episcopi dyocesani, imperator, reges et*

*duces et principes terre deberent convenire in unum con-
cilium, ut olim solebant, et silentium inponere omnibus
mendicantibus non amplius debere predicare nec audire
confessiones, donec probabiliter et efficaciter essent purgati
de proprio peculio suo et loculis suis, a quibus obtenebrati
evidenter multum sunt et animales et carnales facti sunt,
ut ex fructibus eorum cottidie innotescit plebi ad ocu-
lum. Idcirco percussi sunt lepra gyezitica,*[1]) *que est
rauca et insonora, sicut patet (21*[b]) *ad oculum: quando
homo lepram incurrit, potest susurrare, non sonare nec
voce verba proferre ad intellectum procul audientibus.
Sed ista summa potestas et sancte ecclesie capita deberent
viros ydoneos, gnaros, odientes avaritiam, non amantes
aurum et argentum, ubicumque essent, querere in cunctis
cenobiis et heremitoriis, sive essent anachorite sive heremite
sive monachi sive sacerdotes et plebani, dummodo essent
amatores paupertatis, promptores perspicue veritatis, qui
de ewangelio nichil plus cuperent capere quam simplicem
cibum et vestem.*

Solche *viri divinitus illuminati* wirken um vieles
segensreicher als alle *mendicantes, qui utuntur palam
suis peculiis et redditibus.* Auf die Mendikanten ist der
Bearbeiter überhaupt schlecht zu sprechen, er wird nicht
müde, sie, wo es angeht, herabzusetzen. Er spricht 21[b]
vom *mendicus predicator simulator, qui iustus esse non
appetit sed videri nec cupit esse pauper sed vocari,
dummodo foris hominibus sanctus appareat, sed quam
sordidus sit intus non curat et sic spernit consilium
iustorum et abit in consilium inpiorum et fit palmes
immundus.* Dagegen (vgl. 67, 16 ff.) *mundati sunt sacer-
dotes et sanctificabant populum. Insuper omnis civitas
secundum quod esset parva vel magna deberet istis
capitibus obedire et simul in sua provincia cum illis
querere viros ydoneos simplices et rectos, aurum et
argentum non amantes (22*[a]) *nec cum mulieribus adu-*

---

[1]) Auch Bl. 18[b] ist auf die *lepra Gyezi* angespielt, 23[a]
werden *gyezite et symoniati* mit Bezug auf Giezi, servus Elisei
prophetae (4. Reg. 5, 27) und Simon Magus genannt.

lantes et blandientes sed vitam abstractam ducentes et nichilominus negotia sive commissa complentes, qui etiam discrete et ordinate per industriam probati manuducere possent errantes et temptatos atque insensatos consolari aut sollicitare aut etiam populum tam de turpitudine habitus exterioris quam interioris reformare, ut honesta omnia fierent secundum deum et ordinem catholice ecclesie.

Der zweifelnden Frage, ob es solche erleuchtete Persönlichkeiten auch gäbe, ob sie auch, etwa im fernen Friesland (*procul in Frisia*) ausfindig zu machen wären, ob Mendikanten, wenn es sonst an geeigneten Männern fehle, einen Ersatz böten, begegnet die Responsio divina damit (22$^{a b}$), daß Mendikanten nur dann heranzuziehen seien, wenn si *numquam desiderassent peculium aut aurum vel argentum in suis zonis privatim possidere aut usufructum;* freilich gäbe es deren nur wenige, die Mehrzahl entbehre der göttlichen Gnade. Das Armutsgelübde und die Gehorsamspflicht geben Anlaß zu weiteren Ausführungen; für anderes wird auf die Ordensregeln verwiesen. Da heißt es Bl. 23^{a}: *audi, quid de hiis iurisperiti sentiunt et tres originales institutores, qui religiones instituerunt ab initio videlicet Benedictus, Augustinus et sanctus Franciscus.* Ausführlich werden Fragen des Klosterlebens berührt: strengere und leichtere Bestimmungen über den Fleischgenuß der Konventualen oder deren ungleiche Behandlung, je nachdem sie aus höheren oder niederen Ständen stammen, reicher oder armer Herkunft sind: *si venirent duo filii pariter ad petendum ordinem pure propter deum et unus esset sufficientis literature, sed nudus et omnino pauper et esset filius sacriste vel iuriste et alter esset bene vestitus et dives valde et esset filius latriniste et pater istius veniret annulatus et ornatus et circumseptus pulchra familia et pater alterius scolaris inops debilis et pauper* (23^{b}) *veniret in sordido habitu, protinus dicerent huic: sta illic, tu impedis nos! alteri diviti totus conventus assurgeret. Num non gratanter illum susciperent, prebendam gratis illi darent et inopis consilium et petitionem refutarent? Ecce quali equitate et caritate pollent, cum palpabili iniquitate et cecitate pleni sunt. Profecto si boni religiosi essent, caligas et sandalia de pedibus et vestes de scapulis trahere deberent, antequam unam de meis ovibus errantem et ad causas eorum reverientem revocandam impedirent vel repellendo perderent. Idcirco ceci asini sunt et asinos colligunt et asini manebunt. Nec a vero lumine illuminabuntur sed in aristotelicis et in dyalecticis exaltabuntur.*

Weitere Fragen, Antworten und Gegenfragen (nur in diesem Abschnitt — Bl. 22ᵃ—25ᵃ — erstreckt sich die Erweiterung auf beide Dialogführende) handeln von der läßlichen und von der Todsünde, von Schuld und Strafe bei Verfehlungen gegen die Ordensregel, betonen in breiter, gelehrt-scholastischer Auslegung (23ᵇ) *quod in statutorum religionis institutione duo sunt attendenda, scilicet forma institutionis et instituentis intentio, per formam statuti expressa verbi gratia. — (24ᵇ) Cernis igitur, quomodo monachus seu monialis sine pena et sine culpa nec sine causa statutum aliquod tam minimum transgredi non poterit, quomodo igitur illa magna substantialia vota, id est mea consilia scilicet paupertatis, obedientie et castitatis sine mortali peccato transgredi possent?* Allein es ist wenig Hoffnung auf Besserung. *Plaga inveterata et fere insanabilis est, quia quitquid illis dicitur perditur nec advertunt cupidine seducti, sicut Balaam filius ex Behor. — Dico tibi, quod deus sustinet istorum mores et prevaricationes, donec veniat hora illorum in fame et gladio et pestilentia, ut consumantur sicut olim in deserto. Omnes tam illiterati seculares principes quam litterati mundi sacerdotes mei consilii scientiam, quam illis suggerere possem, despiciunt et terrene scientie aurem tradunt. Idcirco se ipsos et sibi commissos regere ut tenentur non possunt.* Und damit knüpft der lat. Text wieder an Merswins Darstellung (68, 30 ff.) an.

Die Überlieferung der kürzeren Textgestalt des Neun-Felsen-Traktates, die reicher zu belegen ist als Merswins Bearbeitung, wurde a. a. O. S. 236 ff. von mir kritisch gewürdigt. Seitdem sind mir noch folgende Handschriften bekannt geworden:

Berlin, Ms. germ. 4⁰. 1497 (früher im Düsseldorfer Dominikanerkloster).

Bielefeld, Bibl. der Altstädter Kirche A 2, Bl. 174ʳ—203ʳ, s. Niederdeutsches Korrespondenzbl. 32, 62; weiter gab gütige Auskunft der wissenschaftl. Hilfsarbeiter bei der Bibliothek Herr Reinhold Meyer. Am Schluß des niederd. Textes heißt es: *Dyt boek is gheendet in den jar vnses heren do men screff na godes gebort MCCCCXCIX vp sante angeneten dach der hilligen juncfrouwen.*

Düsseldorf, Landes- und Stadtbibliothek Ms. B 119, Bl. 121ª—156ᵇ, niederdeutsch, näher verwandt mit der v. Arnswaldschen Hs. 3130 (Niederd. Jahrbuch 9, 133). Vgl. C. Borchling, Nachrichten der K. Gesellschaft d. W. zu Göttingen, Phil.-hist. Kl. 1913 S. 91 f.

Leipzig, Stadtbibliothek Cod. CLXXVII Bl. 3ª—75ª, 17. Jh., ist Abschrift des Susodruckes, Köln 1555, s. Naumann, Catalogus 1838 S. 54.

Mayhingen, III Deutsche Handschriften 4⁰ 4, s. S. VII Anm. 2.

Nürnberg. Das Katharinenkloster besaß nach Katalog N. IV eine Hs. der Neun Felsen, aus der am Allerseelentage bei Tisch vorgelesen wurde. S. Jostes, Meister Eckhart S. 149 und Einl. S. XXII. Es wird sich hier wohl sicher um die kürzere Fassung handeln.

Über die niederländische Überlieferung s. Dolchs Leipziger Dissertation 1909 § 145.

(2ᵃ) |Alle crifton menfchen nemen war dirre warnenden
lere, und nement ir war mit eime grosen ganzen zů-
fůgenden ernefte, wenne ir sôllent daz wifsen, wer
der crifton menfche were der dis bůch mit eime
rehten ganzen ernefte liset oder hôret lesen, von 5
vornan an unze ende us, er můs sin leben befsern,
er welle denne selber freffenliche unde můtwillikliche
in sinen súnden bliben. Ift aber er ein gůt crifton
menfche und het sin leben gebefsert, und wolte sich
gerne zů gotte fůgen, das er zů eime nehern lebende 10
keme, wer dirre menfche ift, der wurt an diseme
bůche geleret, nimet er der lere war mit eime er-
folgenden ernefte, er wurt geleret wele die rechte
ftrose ift die do ufgat zů sime urfprunge. Men vindet
gar lúzel menfchen in disen ziten, lesent sú dis bůch 15
und nement der lere mit eime rechten ernfte war, si
soltent wol bevinden und ôch bewiset werden wa si
noch clebent und was sie noch irret und was der
haften sint, domitte si gevangen sint und geirret
werdent, das si nút uffe die rechte ftrose kument die 20
do ufgot zů irme urfprunge. Dis ist ein bůch daz
allen crifton menfchen wol zůgehôrt zů lesende, er
si wie súndig er welle, es ift ime núzze zů lesende,
er si wie heilig oder wie vollekomen er si, es ift
ime ôch ane fchade zů lesende. 25
Die erfte rede ift, wie ein menfche betwungen
wart von gotte das er dis bůch fchriben můfte. Die

———————
1, 1—3, 29 *sind im Original verloren gegangen.* 18 clebent
*im Straßburger Memoriale und in der Ergänzung des Auto-
graphs durch eine Hand des 18. Jhs. in Übereinstimmung mit
dem kürzeren Traktate, Merswins Vorlage*] lebent *EGK.*

1

ander rede iſt, wie diſen menſchen frȯmede bilde
wurdent fúrgehebet. Die dirte rede iſt, daz diſen
menſchen wart geloſen sehen und hȯren der criſten-
heite gebreſte. Die vierde rede iſt, das diſen menſchen
5 * wart gelasen sehen ein gar grúwelich groser hocher
berg mit nún velsen, und wandelten uffe iedem velsen
criſtonmenſchen, und iſt ie ein fels obe dem andern
unze uffe den berg.

In deme namen unsers lieben herren iesu criſti
10 mȗsent alle unser werke volleendet und vollebraht
werden.
Es beſchach in einen ziten in eime adefenten, vor
deme hochgezite unsers lieben herren geburt, an einer
morgenſtunde frȗge, daz ein menſche wart fúrmanet
15 daz er gar geswinde solte gon an sine heimeliche ſtat, an
die stat do sine gewonheit waz heimeliche zȗ bettende.
Dirre menſche waz gehorsam und tet also er vermanet
waz. Unde do er an die ſtat kam, do wart dirre (2ᵇ)
menſche gar sere vermanet, daz er sich mit groseme
20 erneſte solte innerliche keren zȗ sime herren und zȗ
sime gotte. Dirre menſche det alles daz er fúrmohte
und wer gar gerne gehorsam gesin, und hette sich gar
gerne mit groseme innerlicheme ernſte gekeret zȗ
der ewigen worheit. Do disem menſchen also rehte
25 erneſt wart, daz er sich gerne hette mit allen sinen
kreften gekeret zȗ der ewigen warheit, do beſchach
es daz diseme menſchen wurdent fúrgehebet also
grose wunderliche frȯmede bilde, daz dirre menſche
gar sere erſchrach, und rȗfte an die ewigen worheit
30 und ſprach: sage mir, herzekliches liepliches liep
mins, mich het gar gros wunder waz du meineſt mit
disen so grosen frȯmeden wunderlichen bilden, und
du wol weiſt daz ich dirre bilde nút meine und ir
ȯch nút begere und ir ȯch nút enwil, ich sihe denne,
35 herze liep mins, daz du nút anders enwilt; sihe ich
denne daz du nút anders enwilt, so wil ich dir gerne

---

gehorsam sin. Dirre menſche sazte sich mit eime
ganzen grosen kreftigen erneſte, mit allen sime fúr-
môgende wider dise bilde, und tet alles sin kúnnen
und sin fúrmogen darzů, daz er dirre bilde gerne
lidig were worden. Do sich dirre menſche mit also 5
gar groseme ernſte sazte wider dise bilde, do beſchach
es, ie me sich dirre menſche sazte wider dise bilde
und sich ir gerne geweret hette mit groseme erneſte,
do sach dirre menſche * daz der bilde ie me und
me wurdent. Do erſchrach dirre menſche zů grunde 10
sere úbele, und hůp an und ſprach: sage mir, her-
zekliches liepliches liep mins, waz iſt dirre meinungen,
daz du mir so grose wunderliche frômede bilde fúr-
hebest, und du wol weiſt daz ich ir nút begere und
ir ŏch nút meine; herze liep mins, waz meineſt du 15
mitte oder waz iſt der sachen? Do wart disem
menſchen innerliche zůgesprochen: nút wer dich me
dirre bilde, du můſt si usliden, oder můſt si aber
haben unze an dinen tot. Do ſprach der menſche:
ach herzekliches liepliches liep mins, nút zúrne mit 20
mir, wenne ich mag dines zornes mit núte erliden,
ich wil dir zů grunde mins herzen gehorsam sin unze
in minen tot. Do beſchach es an ſtete do dirre
menſche sinen willen ufgegap, do wurdent disem
menſchen innerliche fúrgehebet alle dise grosen 25
wunderlichen frômeden bilde; und werte dise gesihte
kume eins ave marien lang. Do dirre menſche dise
grosen grúwelichen frômeden bilde anegesach, do
erſchrach er gar sere,] (3ª) wenne er hette dirre
bilde nie me gesehhen, und gedohthe was got mit 30
diesen grosen fremmenden bilden meinde, und ſprach
abber: sage mir, hercekliches liepliches liep mins,
was iſt diener meinungen, odder was iſt der sachen
das du mir also gar fil wnderlicher groser fremmeder
bilde fúr heſt gehebet? Die entwrte ſprach: das wil 35
ich dir sagen, du solt nút erſchrecken abbe diesen
bilden, diese bilde sellent nút anders sin wenne eine

---

* *Schmidt* 3.

gelichniſse ander dinge die dich got ŏch wil losen
sehhen, die dich fere groser wnder werdent habende
denne diese bilde. Der menſche ſprach: ach herce-
liep mins, mŭs ich denne noch me groser wnder
5 ſehhen, das iſt ein zeihen das ich ferthe das ich
minner krancheit engelte. Die entwrte ſprach: dŭn
uf diene inren ŏgen, und siſt gotte gehorsam. Der
menſche ſprach: ach herce liep mins, das wil ich
gerne dŭn also fere ich mach, und du weiſt doch
10 wol, herce liep mins, das ich allen creaturen habbe
urlop gebben und dir alleine wil gehorsam sin unce
in minnen dot; ach herce liep mins, du solt mid mir
dŭn in cit und in eewikeit was du wilt, wenne es
iſt din und iſt min * nŭme. Die entwrte ſprach: sit
15 du dich nÿ gotte also gar zŭ grunde wilt loſsen, so
dŭn uf diene inren ŏgen und sich. Mid demme
selben worte do wart dirre menſche gelosen sehhen
alle diese grosen wnderlichen wnder die hie noch
geſchriben ſtont. Do dirre menſche diese gesihthe
20 gesach, do erſchrac er von grunde sins hercen, und
werthe diese gesihthe kŭme also lange also men eine
meſse mehthe gesingen. Der menſche ſprach abber:
sage mir hercekliches liep mins, du weiſt doch wol das
ich allen creaturen habbe urlop gebben und keinen
25 troſt me sŭhende bin denne dich alleine; ach herceliep
minnes, was iſt diener meinunge das du mich heſt ge-
losen sehhen so gruowelliche erſchrecliche wnder und
ŏch so grose wnderliche wnder? Die entwrte ſprach:
das solt du ſchirre befinden was got mitte meinnet.
30 Do dirre menſche alle diese gesihthe gesach die
hie noch geſchriben ſtot, do wart dirre menſche gar
zŭ mole kranc an sinner natturen, und ſprach abber:
ach herce lieb mins, ich bin gar zŭ grunde mins
hercen erſchrocken abbe dirre gesihthe, und bin sin
35 ŏch gar kranc worden an minner natturen. Die ent-

---

* *Schmidt* 4.

28 *nach* wnderliche: grose frelliche *ausgestrichen*.

wrte ſprach: was iſt der sachen das du also uebele
biſt erſchrocken? Der menſche ſprach: herceliep
mins, das wil ich dir sagen; du heſt mich gelosen
sehhen das ich sere uebel ferthe das du gar faſte
erzúrnet biſt ueber die criſtenheit; ach hercelip mins, 5
mich erbarmet die criſtenheit von grunde mins hercen;
ach herceliep mins, gedorste ich dich gebitten vir die
kriſtenheit, das wolte ich gerne důn, ich bekenne
mich abber also gar eine unwrdige creature, das ich
es nút wol gedar gedůn. Die entwrte ſprach: est iſt 10
gůt das du dich vircleinneſt und dich demůtigeſt.
Der menſche ſprach: ach herce liep mins, ich were
lieber von rechter demůte wegen in der hellen denne
von hoffarte wegen in dem himmel. Die entwrte (3ᵇ)
ſprach: ich wil dir sagen, alles das du gesehhen 15
und geheret heſt, das iſt nút durch dinnen willen
beſchehen, alleine es iſt ŏch der umbe beſchehhen, alles
das du gesehhen und gehert heſt, das můſt du alles
samment von worte zů worte an ein bůch ſchriben,
* also dich es got ander werbe wrt beſcheidende, der 20
criſtenheit zů helfe und zů warnende. Der menſche
ſprach: ach herceliep mins, was hilfet es? du weiſt
doch das die criſtenheit fil bůher het und ŏch fil
lerer het, und was men in seit das lon si alles durch
die sinne lŏſen und beſsernt sich nút drabe, also si 25
ſchůldich sint zů důnde. Die entwrte ſprach: sag
an, wo biſt du mit diener minne odder was redde
iſt dis? sag an, du weiſt doch wol, ebbe got einnen
menſchen liese virlorn werden den er eht mid sime
dode mehthe behalten, wer es můgeliche er litte e 30
ander werbe den bittern dot ebbe er ein menſchen
liese fúrlorn werden; lůge zů dir selber was minnen
du heſt; wer es das du rehthe minne hetteſt, be-
kantheſt du denne das núme denne ein menſche

---

* *Schmidt* 5.

4 *nach* sehhen: das ich ferthe *ausyestrichen, dann* das
ich s. u. f.   25 beſsert.

wrde gebeſſert von dins ſchribendes wegen, du ſoltheſt
e ſchriben, solte dir ioch das ſchriben also ſûre
werden, das du fûr die rehte worheit woſteſt das du
ein bittern dot drumbe ſoltheſt lidden. Dirre redde
5 erſchrach dirre menſche von grunde sins hercen und
ſprach: ach hercekliches liepliches liep mins, sich
an diene grûndelose erbermede und erlos mich dis
ſchribbendes. Die entwrte ſprach: was mere iſt dis
odder wie gemeinneſt du diese redde das du ſpricheſt
10 das du also rehthe nete ſchribeſt? Der menſche
ſprach: ach herce liep mins, ich meinne das ich wol
bekenne das ich eine also rehthe arme unwrdige
snede creature bin, und ich weis das wol das du
noch wol lerer heſt die es der criſtenheit gederent
15 kunt gethûn, und du weiſt das wol das ich dis nût
gethar gekúnden, von ordenunge wegen der helgen
kirchen. Die entwrte ſprach: du biſt nût der erste
durch den got het gegoſſen sine riche gnode; es iſt
gar fil beſchehhen das got sinne riche gnode ſchûte
20 in menſchen die also lúccel geleret worent von der
geſchrift also du; dofan lo dich diese dinc nût wnder
han, und foch an zû ſchribende und lo das nût umbe
keiner hande sache willen. Der menſche ſprach: ach
herce liep mins, nût unzúrne, wenne ich bekenne mich
25 sin also rehthe unwrdig das ich es mit nûte ſchribe
ich mûse es denne dûn. Die ent*wrte ſprach: wilt
du denne gotte nût gehorsam sin? Der menſche
ſprach mit ſchriggenden weinnenden ȍgen: ach her-
cekliches liepliches liep mins, ich wil dir gerne in
30 allen sachen gehorsam sin, denne alleine erlos mich
dis ſchribbendes. Die entwrte ſprach: wie gemeinneſt
du dis? Der menſche (4ᵃ) ſprach: ach herce liep
mins, do ferthe ich die besen geiſte das si mir mit
dieseme ſchribbende hoffart in werfent. Die entwrte
35 ſprach: das wil ich dir sagen, du solt gotte die ere

---

9 sprichet. 28 schriggenden *fehlt G*; schriende m. w. ȏ *K.*

gebben des si ŏch ilt, und solt du sin unan genommen
fton; sich, was dir denne in rûnendes von den besen
geilten begeggent, das solt du han fúr eine bekorunge,
und lit also mer diese bekorunge also eine ander
bekorunge; wenne es sol sich nieman an nemmen 5
das er gerne des crúces liddig wrde, ebbe in got
selber liddiget. Der menfche fprach: ach herce liep
mins, minne meinunge ilt nút also das ich dis crúce
fliehen wil, ich wil gewillekliche und gerne alles das
lidden, alles das du wilt. Die entwrte fprach: so 10
foch an zû fchribende, und hap also mer dis crúce
also ein ander crúce das du fil nĕther wrft habbende.
Der menfche fprach: nút unzúrne sin, herceliep mins,
wenne ich nimme mich dirre grosen wrdikeit gar
nĕthe an. Die entwrte fprach: wes nimmelt du dich 15
an, du armer ftinkender smeckender wrm? gip gotte
die ere des si ŏch ilt, und blip du sin unan genommen,
und silt du sin armes gezŏwelin durch das er wrken
wil. Der menfche fprach: ach herceliep mins, nút
enzúrne das ich mit dir redden wil, ich wil dir sagen, 20
herceliep mins, ich gedenke die criftenheit werde es
fúrwerfende, und werdent fprechende men mege sin
nút wol bewern mit der helgen gefchrift. Die entwrte
fprach: das los an got; ich wil dir sagen die criften-
heit sol selber finden in iren hercen gefchriben das 25
dis bûch lûter worheit ilt; werent alle bûch fúrbrant,
nochdenne wer dis bûch lûther worheit; und wil dir
sagen, dis redde ich nút der umbe das ich widder
die helge gefchrift redde, wenne wer widder die helge
gefchrift ret, der ret widder den heiligen geilt, und 30
ilt das sache das die heilge geschrift ilt us demme
helgen * geilte geflolsen; glŏbeft du dis, so ilt dir
reht. Der menfche fprach: ach herceliep mins, du
weilt es doch selber wol das ich es glŏbe; wenne es
ilt unser crifton glŏbe. Die entwrte fprach: sidder 35

---

* Schmidt 7.

1. 17 unan genommen s. Schriften aus der Gottesfreund-
Literatur 2, VI.

du nůn selber fprichelt es si crifton glŏbe, sage mir
wo fan solte denne got nút noch fchriben und wrken
mid sinnen frúnden was er wolthe, sage mir, odder
ift got minre denne er vor důsent ioren was? Du
5 solt wifsen, crifton glŏbe haltet das got grose wnder
het gewart bedde in der alten e und ŏch in der nuewen
e mit sinnen helgen; sage mir, wo fan solthe denne
got nút noch wrken in diesen ziten mit sinnen
frúnden was er wolte und wie er wolte und wenne
10 er wolthe? Der menfche fprach: ach herce liep
mins, ich glŏbe das du al gewaltig bift in cit und
in eewikeit, das du maht důn und lon was du wilt.
Die entwrte fprach: so foch an zů fchribende, wenne
du solt wifsen es det in fil hůndert ioren nie so
15 not me also in diesen (4ᵇ) cithen die criftenheit zů
warnende; du solt wifsen das die criftenheit sercliche
lebbet in diesen geggen wertigen citen; denne fan
foch rehthe an zů fchribbende. Der menfche fprach:
ach herceliep mins, mir ift also rehthe wnderliche
20 zů můte in diesen sachhen; sol ich es důn so můs
ich rehthe betwngen der zů werden. Die entwrte
fprach: wilt du denne nút anders, so sol dich got
wol twingen mit alleme liddende in geifte und in
der natturen. Der menfche fprach: ach herce liep
25 mins, gift du mir denne lidden, wenne ich denne
gedenke das du so gros bitter lidden heft gehebet
durch mich, so důnked mich gar billiche unde gar
můgeliche das ich alles das lidde das du ueber mich
fúrhengeft; ach herce liep mins, du solt wifsen, forthe
30 ich nút me dinnen zorn denne min lidden, so wolte
ich das lidden nút fliehen. Die entwrte fprach: ich
wil (dir) sagen, mache es kůrc, mache es lanc, so
mach es doch nút anders sin, du můft es důn. Der
menfche fprach: zúrne sin nút, herceliep mins, wenne
35 ich fohe es gar nete an, und ift das die * sache:

---

* *Schmidt* 8.

6 gewúrket *EK;* alte nuewe.

wenne ich anne sihhe und gedenke das ich eine so
gar kranke snede unwrdige creature bin, und mich
denne underwinden sol einer so grosen wrdigen
sachen, so erſchricke ich zů grůnde mins hercen.
Die entwrte ſprach: du solt wiſsen, wer diene un- 5
gehorsammekeit nút uſser eime rehthen demůtigen
grunde kůmen, got hette dich vor langen zithen in
den grůnt der hellen fúrsenket. Der menſche ſprach:
ach herce liep mins, ich habbe mich dir zů grunde
gelosen und gebben, dofon maht du důn mit demme 10
dienen in cit und in eewikeit was du wilt, und be-
gere an dich, herce liep mins, mag es sinn onne
zorn, das du mich erlost dis ſchribbendes. Die ent-
wrte ſprach: ich sihhe wol das du nút anders wilt,
men můse dich hie zů twingen; ich wil dir sagen es 15
mag nút lenger sin, du můſt anne fohen zů ſchribende,
und gebúte dir das bi der helgen trifaltikeit das du
ŏch nút langer beitheſt und annefoheſt zů ſchribende
uffe diesen hútigen dag der húthe ist. Dis gebottes
erſchrach dirre menſche von grunde sins hercen und 20
ſprach: ach herce liep mins, nút unzúrne, ich wil es
gerne důn und wil dir gerne gehorsam sin; ach herce
liep mins, ich bekenne wol alles das ich habbe und
alles das ich ſchriben můs, das das alles von dir
kůmet, und ich sihhe wol und bekenne das wol, das 25
ich nút wrdig bin das ich din armes wrmelin heisen
sol; abber herce liep mins, ich sihhe nů wol und
bekenne ŏch nů wol, das dir erneſt iſt und es ŏch
nút anders mag sin, ich můse annefohen zů ſchribende;
ach herce liep mins, so wil ich es ŏch gerne und 30
gewillekliche důn; abber herce liep mins, eins dinges
wil ich dich bitten. Die entwrte ſprach: was iſt das?
Der menſche ſprach: das wil ich dir sagen, herce
liep mins, es iſt das ich begere an dich das (5ᵃ)
keine creature niemer befinde durch wen du diese 35
lere heſt geſchribben. Die entwrte ſprach: was sol
dir diese redde? du solt es gotte befelhen des es
ŏch iſt. Der menſche ſprach: sage mir herce liep
mins, sidder ich nů ſchriben sol, gedar ich denne

ŏch gefchriben die minne kosende redde die ich mid
dir habbe, das ich dir fpriche hercekliches liepliches
* liep minnes, und ŏch ander minnekosende wort die
mir digke enpfarent geggen dir? Die entwrte fprach:
5 wo fan folteft du si nút fchriben? ich wil dir sagen,
wer sich selber het fúrlorn und alle ding mit imme
und alleine an gotte hanget, der mag wol mid gotte
eine minnekosende redde han hie in der cit, und sol
dert weren eewikliche; ich wil dir sagen, dis minne
10 kosen ift nút also der welte minnekosen ift; der welte
minne kosen het hie in der cit gar digke ein fúrdriesen,
und get denne der zů eewige ruowe noch. Ich wil dir
sagen, wenne du an diesen bůche wrft fchribbende,
was du denne nút an ftette bekenneft, das fregge mich,
15 so wil ich dich es bewisen an ftette, und lo dir ŏch
dis ein gewor urkúnde sin das es got fan dir wil han.
Der menfche fprach: ach herce liep mins, du heft mir
nů lange urkúndes gnůc gegeben, wenne das ich mich
selber also wol bekante das ich dis fchribendes also
20 gar unwrdig was und ŏch bin dirre rede.

Und noch gar fil me worte hette dirre menfche
wol elf wochen mit sime herceliebe, ebbe er sich
ie wolte drin gegeben das er an wolte fohen zů
fchribbende. In diesen elf wochen kam dirre menfche
25 gar digke und gar fil der zů das er wonde er solte
an ftette fúr gon das er fterben můfte. Diesen
menfchen koment in diesen selben citen also rehthe
fil vir borgener krancheit, do fan men nút wol ge-
fchriben mag. Solte dirre menfche alle die redde
30 und alle die wnder fchriben die er mit simme herce-
liebe hette in den elf wochen, es wrde gar zů fil,
men hette alleine wol ein ganc gros bůch der fan
gefchriben von der redde die in den elf wochen
befchach ebbe das in got ie her zů brohte das er
35 dis anne finge zů fchribende. In diesen selben elf

* *Schmidt* 9.

12 eewiger; e. rúwe *E*; ewigů růwe *G*; ewig vnrŷw *K*.
31 zů gar.

wochen beſchach es gar digke und gar fil das dirre
menſche mûſte lidden und mûſte sehhen uffe eine
ſtûnde alle diese grosen wnder die an dieseme bûhe
geſchribben ſtont; wenne das beſchach, so beſchach
diesen menſchen also gar zû grunde we abbe der   5
criſtenheithe gebreſte, das er also rehthe * kranc
wart das er wonde er solte an ſtette ſterben. Do
diese elf wochen uskoment, und dem menſchen wart
gebotten bi der helgen thrifaltikeit anzûfohende zû
ſchribende diese warnede lere der criſtenheite zû 10
helfe uffe einen dag, der selbe dag hette sich vir
zogen ebbe die elf wochen us koment unce in die
faſte, uffe denselben dag also diesen menſchen ge-
botten was annezûfohende zû ſchribbende, do gab er
sich gar demûtikliche drin gehorsam zû sinde der 15
helgen trifaltikeit, und ſprach dirre menſche: ach
herce(5ᵇ)kliches liepliches liep mins, ich bekenne
wol und weis das wol das ich dirre lere nút wrdig
bin; herce liep mins, so bekenne ich wol und weis
das wol das du die worheit retteſt durch Kaifas, 20
also maht du ôch durch mich armen súnder redden
was du wilt. Der menſche ſprach: herceliep mins,
welle wir dirre for redde ein ende gebben und wellent
nûn anne fohen zû ſchribbende was du meinneſt und
was diese for redde bethúthet? Die entwrte ſprach: 25
io es iſt rehthe cit, du solt nút lenger beithen, du
solt gehorsam sin der helgen trifaltikeit und solt
alles das ſchriben von worte zû worte das du ge-
sehhen und geheret heſt. Der menſche ſprach: herce
liep mins, ich wil dir nû gerne gehorsam sin und 30
wil nûn annefohen zû ſchribbende.

Hie het die for redde ein ende, und das hie noch
ſtot geſchribben, das iſt von grosen wnderlichen
fremmenden bilden die diesen menſchen wrdent fúr
gehebet und in wrdent gelosen sehhen.   35

_____

* _Schmidt_ 10.

32 ff. _Überschrift rot._

Die entwrte ſprach zů diesen menſchen: nůn důn
uf diene inren ŏgen und sich wo du nůn biſt. Mit
demme selben worte sach dirre mensche umbe sich
und sach ein gar gros wnderliche hoch gebirge, und
5 was das gebirge obbenan gar wnderliche wit; und
was obbenan uffe demme gebirge gar grose diefe
sewehthe waſser, und worent die seewehthen waſser
gar lůther anne zů sehhende; und liefent in diesen
waſser gar wnderliche fil fiſche, grose fiſſche und
10 kleine fiſſche. In derselben ſtůnden wart dirre menſche
an ein ende des gebirges gelosen sehhen; do sach
dirre menſche das die grosen waſser do us flůſsent
und * das hohe gebirge uebber abbe flos und fiel
ueber die grosen hohen felse ueber abbe zů dal, das
15 sich das waſser also gar sere zůr brach, und det
das waſser so gar wnderliche und so gar grůwelliche,
ebbe es ie fan eime felse uffe den andern gefiel,
das diesme menſchen rehte gruowelthe, und nam in
gros wnder, wenne er hette dirre gesihte nie me ge-
20 sehhen, und es was ŏch also gar gruowellliche anne
zů sehhende und ŏch zů herende das es onne mose
was. Do sach abber dirre menſche in dirre selben
gesihthe das sich der fiſſche obbenan uffe demme
gebirge gar fil zůsammene mahthent, und was der
25 fiſſche gar wnderliche fil, und fielent alle mittenander
das waſser obbenan herabbe zů dal ueber die grosen
hohen felse, ie von eime felse ueber den andern.
Dis nam diesen menſchen gar gros wnder was dis
meinde, und ſprach: sage mir, herceliep mins, was
30 meinnet dis das dirre fiſſche sich also gar fil zů-
sammene hant gemaht und alle mittenander dis waſser

---

* *Schmidt* 11.

7. 13, 3. 15, 14 seweht 'seeartig, mit Seen versehen'.
13 ff. über das gebirg ab vielen ze tal daz sich daz waszer
also ser zůrbrach und als gar grůlich tet e es von *G.*
16 grṽcwellliche, c *deutlich;* c *könnte vielleicht als Schnörkel
des w-Zeichens anzusehen sein, wenn nicht gleich darauf dieser
Schnörkel im gleichen Worte fehlte.* — grueclliche? (*Baesecke*).

ueber abbe fallent ueber diese grosen hohen felse?
Die entwrte fprach: das wil ich dir sagen, dis grose
seewehte gebirge het got also befchaffen und ge-
ordent, das es dirre fifche urfprunc sol sin, und wil
dir sagen me, diese fifche hant das von natturen, 5
wenne si (6ª) gewasent unce uffe ir nattúrlich zil,
so bewiset si irre nature das si sich zů sammene
sellent machen, und machent sich ŏch denne zů
sammene, und ftrichent denne mittenander und fallent
dis wafer hin abbe zů dal. Der menfche fprach: 10
sage mir, herce liep mins, wer kůment denne diese
fifche odder wo ift ir lenden? Die entwrte fprach:
důn uf diene ŏgen und sich hin abbe zů dal. Der
menfche det also und sach den berg abbe zů dal,
und sach das die fifche flůfent in me dal, und sach 15
das die fifche flůfent ufer me dal durch die fliesende
wafer, und sach ie ferer die fifche flůfent durch
die fliesenden wafer, das ir ie minre und ie minre
wart; und was das sache das an allen enden menfchen
worent die den fifchen ftricke hetthent geleit, mid den 20
ftricken der fifche ie ein deil wart gefangen. Dirre
menfche sach das diese fifche liefent durch alle
wafere unce das si koment in das mer; do si in
* das mer koment, do liefent si ŏch durch das mer;
do si do durch das mer koment, do fchein es anne 25
zů sehhende wie kůme die halben fifche do werent,
und wie die andern halben alle worent·uf gefangen
die wille si under wegen also umbe hůt flufent. Dis
nam diesen menfchen abber wnder und fprach abber:
sage mir, herceliep mins, es fchinnet anne zů sehhende 30
das diese fifche sint kůmen an das ende des meres,
das si nút fúr bas meggent kůmen. Die entwrte fprach:
das wil ich dir sagen, es ift wol wor, si sint hie
kůmen an ein ende des meres, das si nút wol fúr bas
meggent; und du solt wifsen das sich diese fifche 35

---

* *Schmidt* 12.

15 in me; 16 vfser me = in deme, ufser deme.   33 sagagen.

14

also fere hant fúr lŏfen, ebbe si widder heim kŭment
zŭ irme urfprunge, ir sol also rehte lúccel und wennig
werden, da es dich wrt wnder habbende. In dirre
selben gesiht so siht dirre menfche das sich die
5 fisfche her umbe kerent und her widder umbe durch
das mer gont und der noch durch die andern wafser
alle; und sach dirre menfche, ie nehher die fisfche
her widder umbe koment, ie minre und ie minre ir
wart; wenne wo diese fisfche fúr flufsent, do fiellent
10 si alles in ftricke, wenne in worent in die wege gar
fil ftricke geleit. Do diese fisfche widder undenan
an den hohen berg koment, do dŭthe diesen menfchen
das ir also rehthe lúccel was worden, diesen menfchen
dŭthe das under dŭsent fisfche kŭme einer her widder
15 umbe kŭmen were. Do sach dirre menfche das diese
(6ᵇ) fisfche fprungent das grose ftrette fallende wafser
vonme dal zŭ berge, und fprungent also lange unce
das si koment uffe den nehften fels, und fprungent
do durch das fallende wafser ueber sich uf ie von
20 eimme felse uffe den andern; dirre fisfche fiel abber
gar fil herwidder abbe uffe die herten felse zŭ dode,
das dirre fisfche gar lúccel geriet werden. Diese
selben fisfche die hie lebbendig bliebent, die ftiggent
ftettekliche alle cit ueber sich uf dis fallende wafser
25 zŭ berge, und tribent dis also digke und also fil
unce das si koment ueber fil hoher herter felse. Do
diese fisfche ueber fil felse das wafser ueber sich uf
zŭ berge geftiegent, do koment si erft undenan an
einen gar grosen wnderlichen hohen fels; dirre fels
30 was also * hohe das dirre menfche wnder drabe nam,
und fprach dirre menfche: sage mir, herceliep mins,
mŭsent diese fisfche ŏch uffe diesen hohen fels? Die
entwrte fprach: das wil ich dir sagen, diese fisfche
hant das von natturen das si nút abbelont, si wogent
35 e ir lebben drumbe, si kŭment denne widder uf zŭ

---

* *Schmidt* 13.

16 strette *'wallend, sprudelnd'*.

irme urſprunge. Dirre menſche sach das sich diese
fisſche gar digke und gar fil wogentent und alles
ueber sich uf flůſsend und ſprungent und werent
alles gerne gewesen uffe diesen hohen fels; und also
digke si hin uf ſprungent, so sach er alles das si 5
herwidder abbe fillent, und fillent denne uffe die
under herten felse zů dode.   Dirre menſche sach
das diese fisſche also digke und also fil ufsprungent
und gerne werent gewesen uffe diesen hohen fels;
und sach das si alles herwidder abbe zů dode fielent, 10
unce an ein gar lúccel fisſche die uffe diesen hohen
fels koment. Die selben fisſche die uffe diesen fels
koment, die liefent von dieseme felse uffe das hohe
seewehthe gebirge und worent do widder in irme
urſprunge. Do diese lúccel fisſche widder uf in iren 15
urſprunc worent kůmen, do ſchein es wie diese fisſche
also rehthe kranc werent worden, das si rehthe nůme
mehthent. Der menſche ſprach: sage mir herceliep
mins, was iſt dirre meinungen das dirre fisſche also
rehthe lúccel iſt herwidder uffe dis gebirge kůmen, 20
und dieselben die her uf sint kůmen, wie lúccel ir
iſt, so ſchinnet es anne zů sehhende wie si also
rehthe kranc sint das si nůmme megent. Die entwrte
ſprach: das wil ich dir sagen, du siſt selber wol das
dis gebirge iſt hoch zů ſtigende. Der menſche ſprach: 25
das iſt wor. Die entwrte ſprach: do fan megent
diese fisſche wol kranc sin worden von dieseme hohe
ſtiggende; abber wie kranc si ſchinnent und wie
lúccel ir iſt, so sint si doch von natturen also rehthe
fro, das si wol wiſsent das si widder sint kůmen in 30
iren urſprunc, das diese fisſche von frĕden zů han-
denan also ſtarc werdent, und also frůhtber werdent,
das von (7ᵃ) diesen lúccel fisſchen alſo rehte fil
fisſche kůmet, das alle diese waſser riche werdent
von fisſchen die uffe dieseme gebirge sint; und du 35
siſt ŏch selber wol, welle fisſche herwidder uf dis

---

31 f. zů handenan *auch Bannerbüchlein ed. Jundt*
S. 397. 398.

gebirge sint * kûmen, die sint anders geferwet worden;
du folt ŏch wifsen, wenne diese fifsche widder in
iren urfprunc kûment, so wrt in an ftette ein ander
namme gegeben.

5   Es wart ein gros wnderlich wnder in diesen
menfchen uf ftonde, und gedohthe was got mitte
meinde das er in hette gelosen sehhen diese grosen
wnderliche fremmeden bilde in den selben dingen.
Do dirre menfche was in so grosen wndern, do
10 fprach er abber: sage mir, herckliches liepliches
liep mins, ich begere an dich das du nût un-
zûrneft das ich dich wil fregen. Die entwrte fprach:
du solt alles das frogen das du selber nût fúr-
ftest, so wil ich dich alles das bewisen das du
15 nût fúrftoft, also fere es mûgeliche ift und also
fere es dir zûgehert. Do fprach der menfche: so
begere ich an dich, herceliep mins, das du mir
sageft was dinner meinungen si das du mich heft
gelosen sehhen so grose fremmede wnderliche bllde?
20 Die entwrte fprach: das wil ich dir sagen: du solt
wifsen, alle diese bilde die du hie heft gesehhen,
das solt du wifsen das dich got diese bilde nût
anders het gelosen sehhen wenne das es sol sin
ein bizeihen odder einne gelichnifse wie men lebbet
25 in diesen serclichen geggenwertigen citen uffe ertriche,
und sûnderlinge wie gar sercliche es ftot umbe die
criftenheit. Der menfche fprach: ach herce liep
mins, dirre redde bin ich zû grunde mins hercen
erfchrocken, und begere an dich, herckliches liep-
30 liches liep minnes und liebe einigefte minne minne,
also fere ich dich gedar gebitten, das du welleft
ueber mich fúrhengen einen also fchemmelichen
lefterlichen dot also du in ueber ie menfchen
fúrhinge, in der meinunge das du dich welleft er-
35 barmen ueber die criftenheit. Die entwrte fprach:

---

1 geferwert.

nein, nein, es sol nút also sin; du sist doch selber
wol das es gar lúccel hilfet das got selber dot ist,
was solte denne helfen din sterben? Der mensche
sprach: ach herceliep mins, ich getruowe das din
dot noch mannigen menschen behaltet. Die entwrte 5
sprach: du solt wissen das es sil minre beschiht in
diesen serclichen gegenwertigen citen denne die
cristenheit wennet. Der mensche sprach: ach herce
liep * mins, ich getruowe das wol, woste die cristen-
heit das si also unrehte lebbete, si unthette sin nút. 10
Die entwrte sprach: des mag sich kein kriston mensche
mitte unschůldigen, wenne welre criston mensche zů
sinnen ioren ist kůmen, und sine fúr numft und
sinne bescheidenheit von gotte het enpfangen, der
mensche ist schůldich kristenliche ordenunge zů 15
wissende und ŏch zů haltende. Der mensche sprach:
ach herce liep mins, dis ist eine erschreckenliche
redde, in der mosse also es nů stot in der cit. Die
entwrte sprach: lo diese redde sin, du můst nů selber
sehhen wie gar wnderliche men lebbet in diesen 20
citen widder alle ordenunge der cristenheit, und wie
gar alle gottes forthe fůrgessen ist und wie gar
sercliche es stot umbe die cristenheit. Der mensche
sprach: (7ᵇ) ach herckliches liepliches liep mins,
also fere ich dich gedar gebitten, so bitte ich dich 25
das du mich sin erlost, wenne ich bekenne onne das
der cristenheite súnde und ire falsheit also rehthe
fil, wenne ich rehthe dran gedenke, so beschiht mir
also rehthe we und wrde sin ŏch also rehte kranc
das ich rehthe nůme enmag. Die entwrte sprach: 30
es ist noch nút, du můst noch gar fil me sehhen
denne du noch weist, denne san lo dich rehthe gotte,
es enmag nút anders sin; du solt wissen, du můst
nút alleine die thorehten súndigen menschen sehhen,
du můst ŏch die gůt willigen menschen sehhen, und 35

---

* *Schmidt* 15.

15 kristentenliche.

2

můſt ŏch sehhen weran si noch hafthent und wo si
noch gefangen sint das si nút fúrbas gont. Der
menſche ſprach: ach hercekliches liepliches liep mins,
du solt mit mir důn in cit und in eewikeit was du wilt,
5 und nút undůn das ich wil, und folle bring dinne
werc mit mir armen súnder noch dinen eren wie du
wilt und wenne du wilt und wo du wilt, es dů mir
we odder wol, es si mir liep odder leit.

Hie het diese redde ein ende; und das hie noch
10 ſtot geſchribben das iſt wie diesen menſchen wart
gelosen sehhen der criſtenheite gebreſte und wie gar
sercliche es stot in diesen citen umbe die criſtenheit,
und wie gar zůr gangen sint alle ordenunge * in der
criſtenheite, bedde geiſchliche ordenunge und ŏch
15 weltliche ordenunge.

Die entwrte ſprach zu diesen menſchen: nů důn
uf diene inren ŏgen, und sich wo du nůn biſt. In
demme selben worte sach dirre menſche umbe sich
und siht das er iſt gar fere fúr fůret in ein dal
20 undenan an einen gar grosen gruowellichen hohen
berg, und ſchein der berg also hohe anne zů sehhende
also er obbenan langete unce an den himmel. Do
dirre menſche also diesen hohen berg uf sach, do sach
er das die aller wnderlicheſten wittenſten grosten
25 felse den berg uf logent, und lag ie ein fels obbe
dem andern den berg uf unce obbenan uffe den
berg; und sach dirre menſche das uffe ie demme felse
menſchen worent, und hettent ŏch die menſchen ire
wonunge uffe den felsen. In dirre selben gesihthe
30 sach dirre menſche das also gar grůwelliche fil
der aller ſchennenſten minnenklicheſten blickenden
bildelin den berg obbenan her abbe fallent und ſielent
her abbe unce uffe das ertriche; und was der bildelin
gar uſer mosen fil, und also ſchirre diese minnenk-

* *Schmidt* 16.

9 *der folgende Absatz rot.*

lichen bildelin uffe die erde koment, so wrdent si
an ſtette also rehthe zwarc anne zů sehhende also
ein zwarzer kol; und alle die wille diese bildelin
obbe der erden worent, so worent si also blig lieht
far ſchenne, das dirre menſche si kůme erlidden 5
mehthe annezůsehhende. Abbe dirre gesihthe nam
dirre menſche gros wnder was es were odder was
der meinunge were, und ſprach: sage mir, hercekliches
liepliches liep mins, was iſt diese grosen wnder die
ich hie habbe gesehhen? Die entwrte ſprach: das 10
wil ich dir sagen; die blickenden ſchennen minnenk-
lichen bildelin, das sint die eddeln sellen die got
beſchaffen het und si noch imme selber gebildet het,
und sendet got denne die eddeln sellen uſser irme
urſprunge herabbe (8ª) uffe das ertriche zů den 15
wibes nammen noch der ordenunge also es got ge-
ordent het und noch der nattůren lőſ; und wil dir
sagen, also das wip enpfhencliche wrt und es denne
die cit wrt, so gůſset got die eddelle selle in den
lichomen. Der menſche * ſprach: sage mir, herceliep 20
mins, was iſt denne der meinungen, so die sellen
erſt uffe das ertriche kůment, das si an ſtette also
rehthe zwarc werdent anne zů sehhende also ein
zwarcer kol? Die entwrte ſprach: das wil ich dir
sagen; die sache iſt, wenne die eddeln sellen erſt 25
herabbe kůment uffe das ertriche, so sint si an ſtette
in die erbe sünde gefallen. Der menſche ſprach:
sage mir, herceliep mins, was meinnet denne dirre
grůwelliche grose hohe berg und diese grůwellichen
grosen felse die an dieseme berge liggent? Die 30
entwrte ſprach: das wil ich dir sagen; du solt wiſsen,
du můſt es noch alles samment selber sehhen, abber
nůt uffe diese ſtůnde; ich wil dir sagen, du můſt
e sehhen wie gar sercliche es ſtot umbe die criſten-
heit. Der menſche ſprach: ach herce liep mins, ich 35

* *Schmidt* 17.

4 bliglieht '*lichtstrahlend*'. 5 *lies* fan sch.*? oder* liehtfar*?*

2*

wil dir gerne gehorsam sin unce in minnen dot. Die
entwrte fprach: so důn uf dinne inren ŏgen, und
sich und nim gar genote war, wenne du solt wifsen
das dich got wil losen sehhen in einer gar kůrcen
5 ftůnden, wie gar sercliche es ftot in diesen citen
umbe die criftenheit, und ŏch wie gar alle criftenliche
ordenunge fůr gangen sint in allen menfchen, unce
an ein wennig menfchen der doch gar lůccel ift.

In dirre selben redde und in derselben ftůnden
10 wart dirre menfche gelosen sehhen wie gar wnderliche
und wie gar unerdenliche und wie gar sůntliche
die criftenheit in diesen serclichen geggen wertigen
citen lebbet; und in wart ŏch gelosen sehhen wie
alle ordenungen in der criftenheite sint umbe gekeret;
15 und sach ŏch in dirre selben gesihthe das also gar
lůccel menfchen lebbent in dirre cit die die ere
gottes sůhent und sich selber nút findent minnende
noch meinnende in keinnen dingen. Diesen menfchen
wart ŏch gar fil fůrborgenner heimmelicher sůnden
20 gelosen sehhen, die er nút wol gethorfte gefchribben
vor der welthe crancheite. Do dirre menfche diese
erfchreckenliche gesihthe alle gesach, do erfchrach
er zů grunde sins hercen, und wart in ŏch die criften-
heit zů grůnde sins hercen also gar uebele erbarmende,
25 das er in ein also gros getrenge kam das er wart
fchriggende * und weinnende das es rehthe von imme
abbe flos, und wart ŏch domitte also rehthe cranc
und also rehthe zwach, das er gedohthe er solte an
der ftette fůrgon. Do dirre menfche widder zů imme
30 selber kam und got der nattůren eine fůrborgene
kraft hette gebben, do ftůnt dirre menfche uf und
fiel crůccewis nidder uffe die erde, und fprach: ach
herceklîches lieplîches liep minnes und hercelieber
einigefter troft minner, du solt wifsen das mich die
35 criftenheit zů grůnde mins hercen und minner sellen
erbarmet; ach herceliebe einigefte minne minne, ich
wolte noch hůthe gerne lip und selle wogen, wer es

---

* *Schmidt* 18.

din wille, in der meinungen das du dich wolteſt
erbarmen ueber die criſtenheit, (8ᵇ) und ŏch in der
selben meinungen das die criſtenheit ir lebben wolthent
beſsern. Die entwrte ſprach: das wil ich dir sagen;
du ſpricheſt, du wolteſt selle und lip wogen der 5
criſtenheite zŭ helfe; sage mir, was hŭlfe aber das,
sidder got alles sin blŭt het fŭrgoſsen und der zŭ
den bittern ſchemmellichen dot het gelitten, und in
diesen citen so rehthe lŭccel hilfet? Ich wil dir
sagen, gottes dot iſt gar sere fŭrgeſsen in den hercen, 10
und iſt abber her fŭr genummen mid zwerende und
mid got uebel handelde in dem mŭnde. Der menſche
ſprach: ach hercekliche liepliches liep mins, ich be-
gere an dich das du anne sehheſt dinne grŭndelose
erbarmehercekeit und din bitters lidden, und erbarme 15
dich ueber die criſtenheit. Die entwrte ſprach: sage
mir, wie sol es got keine lenge gelosen ſton? du
heſt selber wol gesehhen und geheret wie die criſten-
heit lebbet onne alle rehthe gottes forthe. Der
menſche ſprach: ach herce liep mins, ich getrŭwe 20
das noch fil menſchen sint die rehthe gottes forthe
hant. Die entwrte ſprach: weller menſche rehthe
gottes forthe hette der solte ŏch widder keine
ordenunge dŭn der criſtenheite; nŭ lŭge umbe dich
wie fil der menſchen in diesen geggen wertigen citen 25
sint, die rehthe criſtenliche ordenunge haltent also
es uf wart gesat. Der menſche ſprach: ach herceliep
mins, ich mag noch unkan nŭt wol hie widder ge-
reden, abber herceliep mins, ich begere an dich das
du dich welleſt erbarmen ueber die helge criſtenheit. 30

* Die entwrte ſprach: sage mir, du bitteſt für
die heilige criſtenheit; sage mir, wie hellig sint

---

* *Schmidt* 19.

31 *Überschrift in E:* Dise nachgeschribene redde ist von
den bebbesten, *auch in GK. Im Original geht es ohne jede
Unterbrechung fort, nur* d *(in* die entwrte*), und auch dies
nur zu Beginn eines neuen Kapitels im Rügenbuch, ist durch
Rubrum hervorgehoben.*

die menſchen die do lebbent in diesen citen in der
criſtenheite? Du ſiſt doch selber wol das die criſten-
heit lebbet widder alle criſtenliche ordenunge, bedde
pfaffen und leggen; sage mir, ich wil dich an demme
5 hôſten anne hebben zů fregende; sage mir, heſt du
út fil bebbeſte gesehhen odder gehert sagen, die in
diesen citen odder in fil ioren gehelget sint also
hiefor fil beſchach, die grose helgen sint for gotte?
Der menſche ſprach: ach herce liep mins, iſt es din
10 wille, so begere ich an dich das du mir sageſt was
der sachhen si das in diesen citen also gar lúccel
bebbeſte gehelgent? Die entwrte ſprach: das wil
ich dir sagen; du solt wiſsen, die bebbeste die hiefor
gehelgenthent, die fůrthent gar zů mole ein ander
15 lebben denne die bebbeſte die in diesen citen sint
gesin; dis sage ich dir nút alleine von den bebbenſten,
ich sage dir und meine ŏch alle die grosen hŏbet
die in der criſtenheit ie wrdent, si werent geiſlich
odder weltliche. Ich wil dir sagen, die helgen
20 bebbeſte die hiefor uffe ertriche wandeltent, die
worent mid groseme fliſe und mid groseme erneſte
besorget wie si der criſtenheite zů helfe kemment
mit allen demme liplichen und geiſlichen gůte das
si erzúgen mehthent, (9ᵃ) und fůndent sich selber
25 in keinen wisen wedder minnende noch meinnende;
si fůndent sich in alleme irme dûnde und in alleme
irme lossende sûhende und meinnende die ere gottes
vor allen dingen, und worent alle cit in grosen
sorgen wie sie der criſtenheithe zů helfe kemment
30 das die ere gottes follebroht wrde; hie sohent si
wedder frúnde noch moge an; alles ir gewerp und
ir gemůte was ufgerihthet zů gotte, und si fůnden
sich alle cit in demme willen und in der mei*nungen,
ebbe si woltent widder got han gethon eins einigen
35 ŏgen blickes lang, sie wolthent fere lieber durch got
han gelitten einnen ſchemmelichen leſterlichen dot,
also ŏch ettelichen bebbeſten beſchach die den dot

---

* *Schmidt* 20.

gewillekliche und gerne littent dûrch got. Der menſche
ſprach: ach herce liep mins, wie iſt mir so rehthe
zwere zů mûthe das es die bebbeſte an also rehthe
cleinnen dingen lont breſten, das si öch wol mehthent
kûmen zů also groseme lebbende, das öch grose helgen 5
uſser in mehthent werden. Die entwrte ſprach: das
wil ich dir sagen; es mag dich wol kleinne dûnken, es
dûnked abber si gar gros; und iſt das die sache das
das lieht rehther geworer ordenunge gar fúr leſschen in
in iſt; lûge umbe dich, und sich wie die bebbeſte in 10
diesen citen lebbent und gelebet hant, men sol nieman
mid sûnderheite nemmen; lûge umbe dich, ebbe die
bebbeſte die in diesen citen lebbent und gelebbet
hant, ebbe si út me sorge hant gehebet fúr sich selber
und umbe sich selber, das si in eren blibent, denne 15
das die ere gottes follebroht werde; und lûge umbe
dich und sich an ebbe si nút umbe liplich gût werbent,
in der meinungen das si iren liplichen frúnden zů
helfe kûment, und in der selben meinungen das si grose
sorge hant wie sie irren liplichen frúnden zů liplichen 20
eren gehelfent. Du solt wiſsen das der bebbeſte gar
lúccel und gar wennig iſt gesin in gar fil ioren, die
sich selber fundent wedder minnende noch meinnende
mit allen irme dûnde und mit allen irme losende, und
mit allen irme dûnde und mit allen irme losende 25
sûchent in alle wise wie die ere gottes follebroht wrde
in allen dingen und obbe allen dingen; das iſt öch die
sachhe das so lúccel bebbeſte gehelget sint in also fil
ioren. Der menſche ſprach: ach herceliep mins, das
iſt mir ein sûnder crúce das dich nút alle menſchen 30
minnent und meinnent in allen dingen und obbe allen
dingen, und iren ebben menſchen also sich selber.

Die entwrte ſprach: dûn uf diene ögen und sich
fúrbas * und sich an wie die kardenol in diesen

---

20 f. liplicher eren.   33 *Überschrift in EGK*: Dise noch
geſchribene redde iſt von den kardenolen.

citen lebbent und gelebbet hant; sage mir, heſt du
út gehert sagen ebbe die kardenol út faſte der noch
ſtellent und werbende sint das got mege sinne gnode
in si gieſen und sinne heimmellichen werg mege mit in
5 gewrken. Der menſche sprach: ach herce liep mins,
do han ich nút fil noch (9ᵇ) gefreget und han ŏch
nút fil der fan gehert sagen. Die entwrte ſprach:
so wil abber ich dir der fan sagen wie si in diesen
citen lebbent und gelebbet hant; ich wil dir sagen,
10 die kardenol sint also gar fúr blendet mit grite und
ŏch mit der hoffart das si iren liplichen frúnden zŭ
groser weltlicher eren gehelfent, und ŏch mit der
hŏffart das si der noch ſtellende sint odder abber
der noch begerende sint, wenne es beſchehe das ein
15 boebeſt abbe ginge, das si denne gerne bobbeſt
wrdent. Der menſche ſprach: ach herceliep mins, si
meinnent es fil lihthe in einer gar gŭten meinungen.
Die entwrte ſprach: nein, es iſt nút also; die menſchen
die nŭ lebbent und for fil ioren gelebbet hant, die
20 hant die ordenunge also gar lecces umbe gekeret,
bedde geiſliche ordenunge und ŏch weltliche ordenunge,
das es onne mose iſt. Ich wil dir sagen, wie es hie
for ſtŭnt do die criſtenheit in iren eren was und ŏch
ſtŭnt, in den selben citen so es beſchach das in ein
25 boebeſt abbe ginc, so erſchrockent die kardenol und
an allen den es do ſtŭnt, zŭ grŭnde ires hercen, und
was iegellicher in grosen forthen das got wrde ueber
in fúrhengende das men in wrde erwellende zŭ
boebeſte; und diese demŭtigkeit kam uſer eimme
30 got ergebben grŭnde; si dŭthe in irme grŭnde ires
hercen das si dire grosen wrdikeit nút wrdig werent.
Und wenne es beſchach das ein boebeſt abbe ginc, so
fillent die kardenol gotte mit eime grosen demŭtigen
erneſte zŭ fŭs und boetent alle gottes frúnde, das si
35 got in húlfent bitten das in got zŭ bekennende gebbe,
wellen er wolte habben zŭ eime hŏbete, der imme

---

9 gelebbent. 20 lecces ‘nach der falschen Seite’, s.
Schmidt, Hist. Wörterbuch der elsässischen Mundart S. 219ᵇ.

aller lebbelicheſt were und der criſtenheite aller
núcceſt. Lûge umbe dich wie diese ordenunge also
gar zûrgangen sint und also gar fúrgeſsen sint; ich
wil dir sagen, das diese ordenunge also gar sere
zûrgangen iſt und ir also * gar sere fúrgeſsen iſt, 5
das solt du wiſsen das es die sache iſt das men so
lúccel bebbeſte findent in diesen citen die gehelget
sint also ·hie for fil beſchach. Der menſche ſprach:
ach herce liep mins, mir iſt diene meinunge si das
du meinneſt die bebbeſte soltent e von gotte erwellet 10
sin ebbe si von den creaturen soltent erwelt werden.
Die entwrte ſprach: es iſt wol wor, si wrdent hiefor
e fon gotte erwellet ebbe si von den creaturen
wrdent erwellet.

Nu lûge umbe dich und sich fúrbas und sich an wie 15
die bisheſe lebbent in diesen citen und ŏch gelebbet
hant. Die bishoſe soltent besorget sin und soltent
lûgen (10ᵃ) wie si iren underdonen zû helfe kemment
mit rote und mit rehther geworer lere, das si in
rehthen criſten glŏben kemment; und wo er das nút 20
mehthe erzúgen mit sin selbes libbe, so solte er helfe
nemmen und solte sûhen und lûgen wo er rehthe
gewore lerer fúnde die die lere ŏch mit lebbende
hettent erfolget; wo er der lerer einnen fúnde, demme
solte er an ſtette sinnen gewalt gebben und solte in 25
bitten das er imme húlfe sin folc us rihthen mit
gûteme rote und mit geworer criſtenlicher lere. Ein
bishof solte ŏch ein also gros heillig demûtig reine
kúſche lebben fûren das alles das in anesehhe odder
fan imme horte sagen, das das von imme gebeſsert 30
wrde. Ein bishof solte ŏch allecit lûgen und besorget
sin das er sich fúnde alle cit die ere gottes minnende
und meinnende in allen sime dûnde und in allen

---

* *Schmidt* 22.

1 loblicheſt *G*; loblichoſt *K*.   7 *lies* findet?   15 *Über-
schrift in EGK:* Dise nochgeſchribene rede iſt von den
biſchoffen.

sime losende, unde sich selber in keinen sachen fúnde
wedder minnende noch meinnende. Lúge umbe dich,
wie gar fúrgeſsen diese wisen sint; ich wil dir sagen
das dirre weg und diese wisen diesen grosen hŏbeten
5 der criſtenheit also gar unbekant iſt und sin also
gar fúrgeſsen iſt; das iſt ŏch die sache das also gar
lúccel helgen in diesen citen uſser in wrt. Der
menſche ſprach: das lo dich, herce liep mins, er-
barmen das dirre grůnt und der rehthe weg also gar
10 fúrfallen iſt. Die entwrte ſprach: lúge umbe dich
und * sich ebbe die bishefe die in diesen citen lebbent
ebbe si út me sorge hant wie si fil lipliches gůtes
zůsammene bringent, in der meinungen das si iren
liplichen frúnden zů helfe kůment, denne · si sorge
15 hant wie sie den rehthen gettelichen weg lerent be-
kennen; lůge umbe dich und sich an wie gar alle
rehthe ordenunge zůrgangen sint. Du und alle
menſchen die eht beſcheidenheit hant, die sehhent
selber wol mit irre fúrnunfte wer zů es iſt kůmen
20 in diesen citen. Ich wil dir sagen, du siſt selber
wol, wenne ein biſtům liddig wrt in diesen citen, so
siſt du wol das an ſtette menſchen drumbe werbent
und drůmbe kriegent odder es abber kŏfent; wie
reht das iſt, das weis got wol der alle dinc weis.
25 Der menſche ſprach: ach herce liep minnes, erbarme
dich ueber die criſtenheit, wenne mich důnked das
diese dinc sint rehte zů einer gewonheit worden.
Die entwrte ſprach: das wil ich dir sagen das die
alte gůte gewonheit iſt worden zů einer miſt lachen,
30 do fan lot es got gon also es mag. Ich wil dir
sagen wie der bishefe lebben hiefor was, ich wil
dir sagen, die bishofe die hiefor lebbenthent die
worent also rehthe demůtig das si got und die
menſchen můſtent twingen bishof zů werdende; die
35 bishefe die hiefor lebbentent die twngent got mit
irre rehthen demůtikeit das er můſte mid in wonnen
und heimmelliche sin; uſser den bishofen wrdent

---

* *Schmidt* 23.

öch grose helgen. Der menſche ſprach: das lo dich,
herceliep mins, erbarmen (10ᵇ) das nút alle menſchen
lebbent noch dienen willen.

Die entwrte ſprach: nůn sich fúrbas und sich
öch an wie men lebbet in den cleſtern do eppete 5
und eppeteſchin inne wonnent. Ich wil dir sagen,
wenne es beſchiht das der cleſter eime ein höbet
abbe get und ſtirbet, so sint an ſtette zwei menſchen
do und ſcharent sich und fallent mittenander in ein
krieo und bringent das cloſter in geiſliche ſchůlde 10
und in lipliche armůt. Ich wil dir sagen, es was
hiefor nút also do die helgen * eppete und eppteſchin
worent; ich wil dir sagen, hiefor wenne ein höbet
abbeginc in eime cloſter, so hettent si alle grose not
und erbeit wie si gethettent das si ein ander höbet ge- 15
wnnent, und wil dir sagen was das meinde; es meinde
das die menſchen die hiefor in den cleſtern worent,
die worent also rehthe demůtig, wenne men si annekam
und si wolte seccen und erwellen, so dotthent si alles
das derwidder das si kůndent und mehthent also 20
fere si for gotte gethorſtent; in diesen was rehthe
demůtikeit; wellen si under in erwellenthent, den
můſtent si derzů twingen mit demme grosen gebotte
rehther gehorsam, ebbe er sinnen willen wolte drin
gebben; wenne er denne sinnen willen drin gegap und 25
ein appet wart, so nam er an ſtette got zů helfe und
wisete und lerete sinne under don, sinne brůder, und
ginc öch herus uſserme cloſter und bredigete und
wisete und lerete öch das weltliche folg mit groseme
erneſte und gewan grose minne zů gotte und zů 30
simme ebbenmenſchen. Lůge umbe dich wie gar
diese ordenunge und alle ordenunge sint zůrgangen
und umbegekeret; dofan ſtot es umbe die criſtenheit
sercliche. Der menſche ſprach: das lo dich, herceliep

---

* *Schmidt* 24.

4 *Überschrift in EGK:* Diese nochgeſchribene rede iſt
von den eptten und ebtiſchinen.   17 cleſten.

28

mins, erbarmen, es ift mir zů grůnde mins hercen
leit, und mehthe ich es gebefsern mit dem libe, den
wolte ich gerne in den dot derfúr gebben.

Die entwrte fprach: důn uf dinne ŏgen und nim
5 gar genote mit eime grosen ernefte war und sich
umbe dich und sich an wie die bettel erdene lebbent
und ŏch alle die erdenne do die bihther inne wonnent
und ŏch die das gottes wort uffe dem ftůlle důnt;
lůge umbe dich und nim mit eime grosen ernefte
10 war wie si lebbent in diesen geggen wertigen citen.
Sage mir, wie fil sift du bihther gehelgen in diesen
geggen wertigen citen, also hiefor fil befchach die
grose helgen sint vor gotte? (11ᵃ) Der menfche
fprach: ach herce liep mins, ich getrůwe das der
15 bihther noch fil uffe ertriche si das bidderwe lúte
sint. Die * entwrte fprach: du fprichest men finde
noch bidderwe bihther, das wil ich nút widder redden,
abber ir ift also rehthe lúccel und wennig die den
rehthen weg bekennent und in follegont mit dem
20 lebbende, das es onne mosse ift; ich wil dir sagen,
der mennege der bihther die in diesen citen lebbent,
hettent die hiefor gelebet, men hette si kůme in den
cleftern gelosen wonnen, men hette si ŏch keine
bihthe gelosen heren. Du solt wifsen die welt ift
25 alles falfches fŏl. Du solt wifsen, wo die lúte in
diesen citen einen bihther findent der in liht semfte
ift und in erlŏbet ire wise und in glŏbig ift mit
liebekosende, den kiesent die lúthe us und fprechent
er si ein bidderman, er fúrftande sich wol in der
30 helgen gefchrift, und fúrgefsent ganc und gar sins
lebbendes. Du solt wifsen, es ift alles fals; du solt
wifsen, men wrt hie noch andere mere befindende,
so men an die ftat kůmet do men nume wenken
mag und do men eewekliche wonnen und bliben můs;

---

* Schmidt 25.

4 Überschrift in EGK: Dise nochgefchribene rede ift von
den bettelŏrdene.

du folt wifsen, so men in die falle gefellet so ift
das liebekosen der bihther us. Der menfche fprach:
ach herceliep mins, die bihther fprechent die menfchen
sint kranker denne si hiefor worent und men megge
in nút also herte gesin also hiefor. Die entwrte 5
fprach: es ift nút wor und ift falfche redde und
falfche lere und ein falfche glose; ich wil dir sagen,
got der befchúf nie das súnde solte die natture fterken;
gedenke selber, hette got befchaffen das súnde solte
die natture fterken, das wer doch widder reht, das 10
fúrmehte got nút getún. Der menfche fprach: ach
herceliep mins, die bihther meinnent fillihthe das die
menfchen nút also grose erbeit meggent erlidden also
hiefor, und meinnent fillihthe die natture si zú kranc
worden. Die entwrte fprach: got der heiset nieman 15
dún wenne das er wol erlidden mag, und heisset die
súnde fliehen. Ich wil dir sagen, do got selber uf
ertriche wandelte in menslicher natturen, do fprach
er zú den siechen: ftant uf und sift gesúnt und súnde
fúrbas núme; er fprach nút: go enweg und fúrderbe 20
dinne natture und dette * dich selber; er fprach öch
das der menfche solte nemmen sin selbes crúce uffe
sich, das ift also fil gefprochen das der menfche also
fil solte dún also er fúrmehthe und nút fúrbas. Der
menfche fprach: ach herceliep mins, wol eine milte 25
senfte redde dis ift den menfchen die sich mit ernefte
(11ᵇ) zú dir hant gekeret. Der menfche fprach: ach
herce liep mins, wolte ein menfche nút súnde losen
durch dich, es mehte súnde losen von ir selbes unart
die do fúrborgen lit in den súnden. Die entwrte fprach: 30
das dúnked dich wol zú dúnde; ich wil dir sagen,
es dúnked abber die menfchen nút die do in den
súnden fúrblendet sint; ich wil dir sagen, wir sellent
diese redde losen sin, und sage mir eins das ich
dich fregen wil, sage mir, wie fil findet men in diesen 35

---

* *Schmidt* 26.

21 tôd *G;* tôt *K.*

citen bihther die die ere gottes minnent und meinnent
vor allen dingen und obbe allen dingen, und sich
selber findent in keinnen sachen wedder minnende
noch meinnende, und sich findent iren ebben menſchen
5 meinnende also sich selber in allen trůwen; lůge
umbe dich, wie fil mag der bihther sin in diesen
citen die nút iren gewin sůhent? Du solt wiſsen
das der bihther also rehte lúccel iſt die den rehthen
weg bekennent; dofan beſchiht es gar digke und gar
10 fil in diesen serclichen citen das die bihther for
fallent in eine gar sercliche phinliche grůbe, und
fallent die menſchen uffe si den si for in der bihthe
hant geſtattet das si einnen nattúrlichen glosierthen
weg sint gegangen, es si in wellen wisen es si. Der
15 menſche ſprach: ach hercekliches liepliches liep mins,
mir iſt es si also sercliche bihthe heren, und wer
ich derzů gesat, mir iſt ich wolte keine bihthe heren.
Die entwrte ſprach: das iſt nút wor, hetteſt du es
von ordenunge das du bihthe soltheſt heren, du
20 můſteſt bihthe heren, und wil dir sagen werumbe:
welre menſche derzů geordent iſt das er bihte mag
heren, der es het von der geſchrift und ŏch von
lebbende, liese es der menſche derumbe, das er
bihthe nút wolte heren, in der meinungen das er
25 den lúten nút die worheit wolte sagen, weller bihther
das were, umbe den ſtúnde es sercliche, wenne weller
bihther die worheit bekennet der sol die worheit nút
fúrzwigen, * wedder umbe ſterben noch umbe genesen.
Der menſche ſprach: liebes liep mins, erbarme dich
30 ueber die criſtenheit.

Die entwrte ſprach: důn uf diene ŏgen und sich
fúrbas und sich an wie fil men lerer findet in diesen
citen, die das gottes wort uffe demme ſtůlle důnt
und die rehthe worheit effenliche (12ᵃ) geterent

---

* *Schmidt* 27.

31 *Überschrift in EGK:* Dise nochgeſchribene rede iſt
von den lerern.

gesagen, und ŏch geterent effenliche gesagen die
grosen múrdigen gebreſten die in der criſtenheite
sint ufgangen, und ŏch die criſtenheit getherent
effenliche gewarnen und derumbe ir lebben wellent
wogen gotte zů ein eren.   Der menſche ſprach: 5
ach herce liep minnes, die lerer meinnent es fillihthe
in der meinungen das sie meinnent, do du uf
ertriche were do was dinne lere in der willen gar
fúrborgenliche.   Die entwrte ſprach: es iſt wol
wor, do criſtus uffe ertriche wandelte in menslicher 10
natturen, do rette er fil fúrborgener worte; das det
er in der meinunge das er wol woſte das sinne cit
noch do nút kûmen was das er den dot solte lidden;
abber do die cit kam, do seite er in die worheit
rehthe dûrch den mûnt.   Abber ich wil dir sagen, 15
es iſt in diesen citen fil anders denne es was in den
citen do die criſtenheit anne hûp; do fúrgúſent die
helgen fil blûtes umbe der worheite willen; abber in
diesen citen in gar fil ioren wart nie effenliche blût
fúrgoſen umbe der worheite willen.   Der menſche 20
ſprach: ach herce liep mins, die lerer meinnent
fillihte, seithent si die worheit blos, also si an ir
selber iſt, das die menſchen wrdent umbe ſchlahende
und wrdent eins mit dem ander fúrlierende.   Die
entwrte ſprach: das wil ich dir sagen; gotte dem 25
wer lieber das men in diesen serclichen citen die
rehthe worheit effenliche und kûnliche durch den
mûnt seithe wer an es lege und was der breſten
were, wenne men es fúrzwiget; du solt wiſsen das
gotte ein menſche lieber were das den rehthen weg 30
ginge denne hûndert dusent die den unrehthen weg
gingent; und wer den menſchen fere weger, men *
liese si gon in grosen forthen denne si gont und
wennent rehthe dûn und doch unrehte dûnt.   Der

---

* *Schmidt* 28.

2 múrdic '*schrecklich*'.   8 in der willen = underwillen
vgl. Fünfmannenbuch, Neudruck 33, 19 f.   9 fúrbergenliche.

menſche ſprach: ach herceliep mins, ich getrûwe men
finde noch wol lerer in der cit die gerne ir lebben
woltent wogen umbe der gerehtikeite willen. Die
entwrte ſprach: das wil ich nút widderredden men
5 finde si, abber du solt wiſsen ir iſt also rehthe lúccel
und wennig das es ein wnder iſt; du solt wiſsen ir
iſt also rehthe lúceel das es nút gût were das men
derfan seite; ich wil dir sagen das der gerehthen
kûnen geworen lerer also rehthe lúccel iſt in diesen
10 citen, das iſt ŏch die sache das so rehthe lúccel
lerer gehelgent in diesen citen. Der menſche ſprach:
ach herceklicheslieplichesliepmins, ich begere an
dich das du dich welleſt erbarmen ueber die criſtenheit.

Die entwrte ſprach: lûge umbe dich und sich an
15 wie men in diesen citen in den froewen cleſtern
lebbet; ich wil dir sagen, in den froewen cleſtern
was hie for ein so (12ᵇ) gar erbers indewendiges
ernestaftes heiliges lebben, wer si anne sach odder
mit in rette der wart fan in gebeſsert. Nû wil ich
20 dir sagen, nû iſt es in diesen citen derzû kûmen,
wo ein reht criſton menſche iſt der mûs si fliehen;
und ist das die sache des irre geberde und ire wort
und ir wandel iſt nút also behût noch also getteliche
das men fan in gebeſsert mege werden; ich wil dir
25 sagen, den cloſter froewen iſt indewendiges ernestafttes
gettelicheslebbendesgarfúrgeſsen; si singent wol
fil mit dem mûnde und bettent wol fil mit demme
mûnde, aber ir hercen sint fere gekeret von gotte;
ich mûs dir sagen und ŏch clagen, du solt wiſsen
30 es iſt in diesen citen derzû kûmen, welre menſche
sich mit eime gancen zûfûgenden erneſte wil keren
zû der ewigen worheit, des menſchen ſpottet men
und fúrnútet in und sin lebben alzûmole: dis ſpotten
beſchiht in froewen cleſtern und in manne cleſtern.

14 *Überschrift in EGK:* Dise nochgeſchribene redde iſt
von den frowen clôſtern.   33 fúrnúten 'verachten', s. Schmidt,
Hist. Wörterbuch der elsässischen Mundart S. 398ᵃ.

Ich wil dir sagen, alle die menſchen die in * den
cleſtern sint, die den menſchen fúrkerent ir lebben
und si durchehthent mit ſpottende, es si heimmelliche
oder effenliche, wer die menſchen sint, es si in manne
cleſtern odder in froewen cleſtern, die menſchen megent 5
wol for der welte ein geislichen nammen han, si
heisent abber for gotte die gottes zûr ſterer unde
zûrſtererin. Ich wil dir abber fúrbas sagen von den
froewen cleſtern; ich wil dir sagen, in den froewen
cleſtern iſt gar lúccel und wennig froewen, nemment si 10
mit eime grosen erneſte war, si soltent wol befinden
das si iemer ettewo mitte gefangen werent do mitte si
swerliche widder got dettent und in grose súnden
fiellent; und wil dir sagen womitte si gefangen sint:
du solt wiſsen, ein deil iſt gefangen mit der súnden 15
der gritikeit und ein deil mit hoffart und ein deil
mit zorne und ein deil mit unge horsammekeit und
ein deil mit unkúſchekeit; wie das si das si es
nút mit den werken follebringent, so dûnt si abber
grose unkúse súnde mit dem willen, so súndet ir 20
ein deil mit hoffertigen unkúſchen cleidern und mit
hoffertigen unkúſchen geberden, so súndent ir ein
deil mit heimmellichen fúrborgen súnden, von den
súnden men nút wol gethar geſchriben, die es do
sint die wiſsent wol was ich meinne. Du solt wiſsen 25
das also gar mannig faltige súnden in diesen froewen
cleſtern beſchehhent, bedde heimmelliche und effen-
liche, das es gar sercliche ụmbe si ſtot. Du solt
wiſsen das die rehthen ſtrosen eins indewendigen
gettelichen lebbendes sint gar sere faſte zûrfallen 30
und fúrgeſsen in den (13ᵃ) [frowenclôſtern: daz iſt
ŏch die sache daz also rehte lúzel cloſter frowen
geheiligent in disen ziten also hievor vil beſchach,
die ewikliche grose heiligen sint vor gotte.   Der

---

* Schmidt 29.

5. 27 clester.   21 cleider.   33, 31—40, 23 sind im
Original verloren gegangen.

menſche ſprach: ach herze liep mins, mich erbarmet
dise frowen zů grunde mins herzen daz si nút ein
rehten inker zů dir tůnt, wenne si derzů geordent
sint daz si allen creaturen soltent urlop geben
5 und soltent alleine an dir hangen, so môhtent si
ôch troſt finden. Die entwúrte ſprach: lůge umbe
dich und sich an und nim gar genote war wie gar
zůrgangen sint alle geiſchliche ordenunge und geiſch-
liches indewendiges leben, und sich an wer*zů
10 geiſchlicher name iſt worden bede in manne clôſtern
und in frowen clôſtern, si sint beſchloſsen oder offen,
es si bettel ôrdene oder ander ôrdene. Der menſche
ſprach: ach herze liep mins, ich getruwe men finde
noch wol clôſter die ein reht indewendiges erneſt-
15 haftes leben fůrent. Die entwúrte ſprach: daz iſt
wol war, aber du solt wiſsen das der erneſthaften
clôſter also rehte lúzel und wennig iſt, das es onne
mose iſt. Der menſche ſprach: daz lo dich, min trut
herzeliep, erbarmen; ach herzeliep mins, wie bin ich
20 dirre rede zů grunde úbele erſchrocken.

Die entwúrte ſprach: wir ſôllent dirre rede ein
ende geben. Tůn uf dine ôgen und sich fúrbas und
nim gar genote war wie die weltliche phafheit lebet,
und nim war wie gar wunderliche die weltliche
25 phafheit lebet, und lůge umbe dich unde sich an
wie die phafheit daz gůt fúrtůnt und wie wol si es
anlegent daz gůt daz si von den gottesgoben nemment;
lůge umbe dich und sich an wie si die gottesgoben
so ſchemelich und so ſchentliche fúrtůnt und fúrzerent
30 mit so groser unkúſchekeit und mit so groser freſse-
riege und mit so groser hofart, und lůge umbe dich
und sich an wie si gont so gar unpheſliche und so
gar fúrleſſenliche mit iren cleidern und mit allen
irren geberden und mit maniger hande fúriosenheite;

---

* *Schmidt* 30.

5 môtent. 21 *Überschrift in EGK:* Dise nochgeſchribene
rede iſt von den weltlichen phaffen.

lûge umbe dich und sich an daz also rehte lúzel
und also rehte wennig gottes goben wurt gebruht
und fúrton noch rehter gôttelicher ordenungen also
ez uf ilt gesat. Lûge umbe dich und sich an daz
also lúzel und wennig gottes goben lidig werdent, 5
do werdent alles criege und unselde us; lûge umbe,
dich und sich an wie gar alle ordenunge sint fúr-
gangen und umbe sint gekeret; lûge umbe dich und
sich an was eren (13ᵇ) die prielter selber prielter-
licher wurdekeite bietent, und lûge umbe dich und 10
sich an wie vil der prielter mag sin in disen ziten
die sich selber nút findent * minnende noch meinnende
und die ere gottes sûchent und ŏch meinende sint
mit allen irme tûnde und mit allen irme losende.
Du solt willen daz rehtes indewendiges gôtteliches 15
ernelthaftes lebendes ilt gar sere fúrgelsen in den
prielter. Der menlche lprach: ach herze liep mins,
ich getruwe men finde noch gewore erlûhte prielter
die rehten indewendigen ernelt hant. Die entwúrte
lprach: daz ilt wol wor, ir ilt aber also rehte lúzel 20
und wennig daz es onne mose ilt; und du solt willen
daz dirre indewendigen wege und dirre indewendigen
wisen in den prieltern also gar fúrgangen sint und
also gar fúrgelsen sint. Daz ilt ŏch die sache daz
men also lúzel prielter findet in disen ziten die ge- 25
heiliget sint, also hievor vil belchach, die grose
heiligen sint vor gotte. Der menlche lprach: ach
herzekliches liepliches liep mins, wenne mŏhte min
herze blût zû den ŏgen usgielsen, daz wolte ich gerne
tûn in der meinungen daz dise indewendigen wege 30
und dise gôttelichen indewendigen wisen widerumbe
wurdent bekant also si hievor worent bekant. Die
entwúrte lprach: daz solt du willen, daz wer wol
behalten und soltelt du den bittern ltrengen lchemme-
lichen tot darumbe liden; wenne du solt willen daz 35
dise indewendigen wege und wisen der phafheit, bede
geilchliche und weltliche, gar fúrborgen sint, und ilt

---

* *Schmidt* 31.

die fchulde ir, und ift daz die meinunge das si me
noch kunft ftellend, domitte si ere erwerbent, denne
si ftellend noch der indewendigen kunft, domitte si
den heiligen geift môhtent erwerben. Ich wil dir
5 sagen, dovon befchiht es, so die phafheit sich weret
dez gôttelichen influses der indewendigen gôttelichen
gnoden, was tût denne got? Ich wil dir sagen, got
der ift also milte sine gnode zû gende und get der,
die selbe gnode die si hant die nimet er in, und
10 git si den menfchen die vor vil gnode hant. Der
menfche fprach: ach herze liep mins, wie het mich
diz eine so frômede rede, daz du eime nimmeft der
lúzel het und daz selbe eime gift der vil het. Die
entwúrte fprach: het dich dis eine frômede rede? es
15 ftot doch gefchriben in deme heiligen ewangelium;
ich wil dir sagen, wo * got sine gnode hin gúfset
und men si denne dôrliche fúrfchúttet, so get got
der und nimmet daz selbe daz do blibet und git es
eime andern menfchen daz vor vil gnoden het und
20 si mit ernefte behaltet. Der menfche fprach: ach
herzeliep mins, sift gedanket und gelobet daz eht
ieman in der zit ift in den du dine gnode maht ge-
giefsen. Die entwúrte fprach: du solt wifsen daz
der selben menfchen gar lúzel ift, und wenne die
25 selben menfchen gerwe ufser der zit kemment, so
mûste ôch die criftenheit ein ende han. Der menfche
fprach: ach herze liep mins, sift gedanket und ge-
lobet, daz eht ieman in der zit si der die criftenheit
ufenthaltet.

30   Die entwúrte fprach: lûge umbe dich und sich
an wie die beginnen lebent in disen ziten; lûge umbe

---

* Sshmidt 32.

8 gende = gebende.   30 *Überschrift in EGK:* Dise
nochgefchribene redde ift von den beginnen. *In der Er-
gänzung geht das Kap. von den Begarden dem von den
Beginen voraus, jedoch mit dem von derselben Hand gesetzten
Zahlenvermerk* 14. 13. *Dagegen im Großen Memorial:* 1) be-
ginen, 2) begeharten.

dich und sich an wer ir indewendiges ernefthaft leben
si kumen. (14ᵇ) Ich wil dir sagen, sie löfent und
klaffent vil, aber ein indewendiger zůfůgender erneft
ift gar fúrlófchen. Der menfche fprach: ach herze
liep mins, ich getruwe men sólle noch vil beginnen 5
finden die rehten grosen indewendigen erneft hant.
Die entwúrte fprach: daz wil ich nút widerreden,
aber wie vil ir si, daz weis got wol. Ich wil dir
sagen, die beginnen die in disen ziten lebent, die
mennege der beginnen under in ůbet alle irre werg 10
und irre wisen ufser eiginfchaft, und siht men daz
deran wol, wenne men irre eigine wisen wil abe-
fprechen, so hant si kein volgen daran. Ich wil dir
sagen, die beginnen die hievor lebetent, daz worent
also gar swigende einfeltige gůtherzige beginnen und 15
hettent also gar grosen einfeltigen indewendigen
grosen erneft, daz in got gar heimeliche was mit
siner gnoden. Der menfche fprach: daz lo dich,
herzeliep, erbarmen daz dir nút alle beginnen ge-
horsam sint und alle menfchen mit in in rehter ge- 20
losenheite ir selbes.

* (14ᵃ) Die entwúrte fprach: lůge umbe dich und
nim war und sich wie die beggeharte lebent, die
múnche, die brůder die after wege löffent. Du solt
wifsen daz den der rehte indewendige weg gar sere 25
ift fúrgefsen in disen ziten. Der menfche fprach:
ach herze liep mins, ich getruwe daz men noch vil
menfchen under den brůdern finde daz gar gůte
indewendige menfchen sint. Die entwúrte fprach:
es ift wol wor, do sint gůte menfchen under in, 30
aber wie vil der si, daz weis got wol. Ich wil dir
sagen, solte got oder wolte got sine indewendige gnode
in ieman giefsen durch vil fúrnúnftiges klaffendes

---

* *Schmidt* 33.

3 zůfůgender '*fördernder*'. 22 *Überschrift in EGK*: Dise
nochgefchribene rede ift von den beggeharten den múnchen.
24 afterwege loufen *auch Bannerbüchlein ed. Jundt S.* 402.

willen, so gúſse er gar vil gnoden in die brúder die
in disen ziten lebent. Ich wil dir sagen, du solt
wiſsen daz es nút lit an flogierenden fúrnúnftigen
claffende; ich wil dir sagen, es lit an eime rehten
5 underworfenen demútigen gelosen grunde; daz solt
du wiſsen das dise brúder vil breſten in disen ſtucken
hant. Der menſche ſprach: daz lo dich, herze liep,
erbarmen daz so vil wisen iſt ufgangen in der criſten-
heite. Ach herzeliep mins, du heſt mich also vil
10 gebreſten gelosen sehen wie die phafheit lebet, bede
geiſchliche und weltliche, daz ich fôrhte daz sich
die weltlichen menſchen werdent sere ſtosen und abe
der phafheit sich werdent ergernde. Die entwúrte
ſprach: nein es iſt nút also du fôrhteſt, du múſt
15 noch selber sehen daz die weltlichen menſchen also
gar unrehte lebent wider alle criſtenliche ordenunge
also die phafheit; es darf nieman hie den andern
zihen, wenne die ſchulde iſt ir beder geliche. Der
menſche ſprach: ach herceliep mins, erbarme dich
20 úber die criſtenheit. Die entwúrte ſprach: nûn tûn
uf dine ôgen und sich ôch und nim ôch mit groseme
erneſte war wie die weltlichen menſchen lebent in
disen sorgclichen ziten, bede man und wip, und lûge
und sich wie gar sorgkliche si lebent in disen ziten
25 und sich an wie si lebent wider alle ordenunge der
criſtenheite. Der menſche ſprach: ach herze liep
mins, erbarme dich úber din volk. Die * entwúrte
ſprach: du ſpricheſt und meineſt got ſôlle sich er-
barmen úber sin folk; sage mir, du weiſt doch wol
30 daz got dem menſchen het geben sinen eigen willen,
mit deme selben willen lebent si wider alle criſten-
liche ordenunge; ſpricheſt du denne got ſôlle sich
erbarmen úber sin folk, der nút sin wil sin, wie sol
er sich úber den erbarmen? Der menſche ſprach:

---

* *Schmidt* 34.

3 flogieren '*hin- und herflattern*', *auch Bannerbüchlein*
S. 393, *oft bei Tauler und Seuse, s. Zeitschr. f. deutsches Alter-*
tum 24, 523; *Schmidt, Hist. Wörterb. d. els. Mundart S.* 105 ᵇ.

ich getruwe daz alle menſchen gerne din werent und
ein willen hant ſich zů beſſernde. Die entwúrte
ſprach: du ſolt wiſſen, der lange ufgeſchlagene wille
fůret gar vil menſchen in diſen ſorgklichen ziten in
den ewigen tot. Der menſche ſprach: daz lo dich, 5
herzeliep, erbarmen daz nút alle menſchen rehte ge-
denkent wo ſi ewekliche wonen ſóllent.

Die entwúrte ſprach: ich wil dir ſagen, du ſolt
uftůn dine inren ǒgen und ſolt anefohende ſin zů
ſehende die groſen weltlichen hǒbet, daz ſint keiſer 10
und keiſerin, und ſint kúnege und kúnegin. Nu lůge
umbe dich und ſich an wie die lebent und gelebet
hant in diſen ziten. Der menſche ſprach: ach herze-
liep mins, wer ſolte mir ſagen wie die heren lebent,
ich han alle mine tage nút vil dernoch gefroget. 15
Die entwúrte ſprach: ſo wil aber ich dir ſagen wie
dic herren hievor lebetent und ǒch wie ſi lebent in
diſen ziten; ich wil dir ſagen, hievor do worent die
groſen weltlichen herren also gar zů grunde demůtig,
und wenne es beſchach daz das rǒmeſche kúnigriche 20
ǒftúre ſtůnt, ſo worent die groſen weltlichen herren
also gar zů grunde demůtig, das kein herre noch
deme kúnigriche wolte ſton noch werben, und dottent
daz in der meinungen daz ieder herre also vil
demůtikeit an imme hette daz in duhte in ſime 25
herzen er wer der groſen eren und dez groſen ge-
waltes nút wurdig. Ich wil dir aber ſagen, wenne
es beſchach daz got úber ein herren fúrhieng daz er
wart erwellet zů eime rǒmeſchen kúnege, ſo enphieng
er daz kúnigriche gar demůtiklíche * von gotte und 30
gap gotte die ere und wart er ſin kneht, und gieng
der kúnig der und nam got an ſtete zů helfe und

---

* Schmidt 35.

8 Überschrift in EGK: Diſe nochgeſchribene rede iſt von
den keyſern und kúnigen.   21 ǒstúre] ledige G; ǒtes old
wůstes K. Zu ǒstúre 'ohne Leitung': s. Schmidt, Hist. Wörterb.
d. elsäss. Mundart S. 263 f., Rieder, Gottesfreund S. 10*, 28.

waz besorget daz er fride und gnode gemahte in der
criſtenheit, und er nam got zů helfe und ſtreit kůnlich
umbe der gerehtekeite willen, er gap gotte sin lip
und sine selle und gůt und ere in sine hant, daz er
5 mit ime dette waz er wolte in zit und in ewikeit;
du solt wiſsen, die kúnege die in den ziten worent,
die fundent sich weder minnende noch meinende in
keinen sachen, si fundent sich in allen irme tůnde
und in allen irme losende sůchende und meinende
10 die ere gottes vor allen dingen und obe allen
dingen. Du solt wiſsen daz hievor in denselben
ziten do worent die keiser und die keiserin und
die kúnege und die kúnegin mit allen irme wandelle
also rehte demůtig und also rehte gőtteliche daz die
15 criſtenheit gar sere von in gebeſsert wart. Nu
solte ich dir őch sagen wie si in disen ziten lebent
und gelebet hant; solte ich dir daz mit under-
ſcheiden worten sagen, es wurde zů lang; ich wil
dirs sagen mit eime worte; du solt wiſsen daz die
20 keiser und die keiserin und die kúnege und die
kúnegin die in disen ziten lebent und gelebet hant,
daz die gar anders lebent denne men hievor lebete,
und lebent wider alle diese] (15ᵃ) for geſchrieben
wege und wisen und widder alle gerehthe gewore
25 ordenunge; ich darf dir nút me sagen, sich es selber
an mit der beſcheidenheit, so ſift du wol wie es ſtot.
Der menſche ſprach: ach herceliep mins, mehte es
sin und gethorſte ich dich őch gebitten das die
criſtenheit widder in irre rehte getteliche wise und
30 ordenunge keme, das wer mir gar treſtliche. Die
entwrte ſprach: nů sich umbe dich wie gar sere
diese wege fúrweſtet und fúrfallen und zůrgangen
sint; ich wil dir sagen, das diese wege und diese
ordenunge also gar zůrgangen sint, das iſt őch die
35 sache das men so rehthe lúccel in diesen citen findet
wedder keiser noch keiserin noch kůnege noch kůnegin,

---

32 fúrweſtet *s. Schriften aus der Gottesfreund-Literatur*
2, VIII.

die gehelgent, also hiefor fil befchach, die for gotte
grose helgen sint. Der menfche fprach: das lo dich,
herceliep, erbarmen das die menfche die nů lebbent
also gar sere uffe sich selber sint gekeret.

* Die entwrte fprach: důn uf diene ŏgen und 5
sich umbe dich und sich an wie gar wnderliche es
ftot umbe die herzogen und umbe die grofen und
umbe die friggen und ŏch umbe ire wiber. Ich wil
dir sagen wie si hiefor lebbentent: die weltlichen
heren die noment got zů helfe und wogentent iren 10
lip und ir lebben drumbe und ftrittent gotte zů ein
eren, in der meinungen das fride und gnode wrde
in der criftenheite und súnder linge in iren landen;
si fůrthent ŏch ein also rehthes getteliches erneftaftes
demůtiges lebben, alles das si annesach und iren 15
wandel annesach, das wart fan in gebefsert; dis selbe
thottent ŏch irre wiber. Du solt wifsen, irre wiber die
hettent ŏch ein also zúthigen gettelichen demůtigen
wandel, alles das si annesach das wart ŏch fan in
gebefsert. Ich wil dir sagen, weller herre ein wip 20
hette die nút got ferthen wolte und mit irme frefeln
můt willen wolte lebben, der here ginc der und nam
got zů helfe unde twanc das wip mit liebe und mit
leide, das si imme můfte gehorsam sin. Ich wil dir
sagen, die heren und ire wiber die hiefor lebbentent 25
die hettent also gar grosen erneft und also gar grose
minne zů gotte das si sich selber in keinen weg
fůndent wedder minnende noch meinnende, sie fůndent
sich in allen irme důnde und in alleme irme losende
sůhende und meinnende das die ere gottes follebroht 30
wrde. Sich, also was hiefor der weltlichen heren
und der weltlichen froewen lebben; das was ŏch die
sache das ir hiefor fil heillig wart, bedde heren und
froewen, die eewekliche grose helgen sint for gotte.

_____

* *Schmidt* 36.

5 *Überschrift in EGK:* Dise nochgefchribene rede ift von
den herzogen.

Der menſche ſprach: ach herceliep mins, wie iſt mir
so rehthe leit das nút alle menſchen noch rehther
criſtenlicher ordenungen lebbent und súnderlinge ieder
menſche noch der ordenunge also imme zûgehorthe.
5 Die entwrte ſprach: lûge umbe dich und sich an
und sich wie gar wnderliche freffelliche die heren
und die froewen lebbent in diesen citen mit allen
dem mût willen den si in der natturen erzúgen
megent, bedde heren und froewen, (15ᵇ) und mit
10 aller * der freffellicher mût williger hôffart die si
erdenken kûnent oder megent. Du solt wiſſen das
si hant fúrgeſſen alles getteliches erneſtes; du solt
ŏch wiſſen das si keine getteliche forthe lont bi in
wonnen; also ſchirre so si getteliche forthe anne
15 ſtoset, so thribent si balde us; du solt wiſſen, si
netigent and trengent irre armen lúthe ueber reht
und nemment in irre erbeit abbe ueber reht, und
fúrdûnt si es denne alzûmole widder got. Lûge
umbe dich und sich an wie gar zûrgangen iſt gette-
20 licher erneſt und getteliche forthe. Der menſche
ſprach: ach herceliep mins, das lo dich erbarmen
das gettelichher erneſt und getteliche forthe also gar
fúrgeſſen iſt, das iſt mir von grûnde mins hercen leit.

Die entwrte ſprach: dûn uf diene ŏgen und sich
25 umbe dich und sich an wie dernoch eddel lúthe
lebbent, die do heisent dieneſtlúte und ritter und
eddel knehthe; sich an wie gar wnderliche ir lebben
in diesen citen iſt, in so gar manniger hande wnder-
licher wisen. Lûge umbe dich wie si gont; si gont
30 mit irme gewande also gar ſchentliche und also gar
onne alle gottes forthe und hant geberde rehthe
also ebbe si nút sinne hettent, si dûnt mit allen
iren wisen also ebbe si nie beſcheidenheit von gotte
hettent enpfangen. Nim war werzû ritterliche zûht

---

* *Schmidt* 37.

und ritterlicher ſchimf worden iſt; ich wil dir sagen,
ritterliche zůht iſt gar und ganc zůrgangen; so wil
ich dir me sagen, so iſt ritterlicher ſchimf gar zů-
mole zů erneſte worden. Ich wil dir sagen, die ritter
und die knehthe die lebbent in allen dem můtwillen   5
den si erdenken odder in aller irre nattůren erzůgen
megent onne alle gottes forthe; si lebbent ŏch mit
aller der ueberflůſsigen mannigfaltigen hoffart die si
mit libbe und mit gůte erzůgen megent. Ich wil dir
sagen, do hiefor die gerehthen ritter worent, den was 10
wol erlŏbet zů důrnierende * und zů ſtechende, abber
si dotthent es in der meinnungen das si woltent leren
ſtriten, so es not dette das si kůndent mit der gottes
helfe der criſtenheite zů helfe kůmen, und ŏch hůlfent
wittewen und weisen beſchirmen. Die ritter hettent 15
ŏch hiefor ein also gar zůthigen sittigen beſcheiden
gettelichen wandel, wer si annesach und mit in wandelte
der wart von in gebeſsert. Die ritter die hiefor
lebbenthent, die fůndent sich selber in keinnen dingen
wedder minnende noch meinnende, si fůndent sich 20
mit allen irme důnde und mit allen irme losende
sůhende und meinnende die ere gottes for allen
dingen. Also was hiefor der geworen beſcheiden
gettelicher ritter lebben, dofan wurdent ir ŏch ein
deil hellig die ewikliche grose helgen for gotte sint. 25
Lůge umbe dich wie gar fůrgangen sint alle ritter-
liche getteliche ordenunge. Der menſche ſprach:
ach hercekliches liepliches liep mins, erbarme dich
ueber si und kům in zů helfe.

Die entwrte ſprach: důn uf din ŏgen und nim 30
ŏch war und sich an wie die bůrger und die kŏflůthe
in den ſtetten lebbent. Du solt wiſsen das es umbe
die (16ª) burger und umbe die kŏflůte ŏch gar sercliche
ſtot in diesen citen; und iſt das die sache das der

---

* *Schmidt* 38.

allergreſte grůwellichefte grit in si iſt gefallen, und
sint also gar sere fúrblendet und behefthet mit
demme grithe das men ir gar lúccel und wennig
siht das ir keiner vor sime dode des grites iemer
5 liddig wrt. Du solt wiſsen das dirre grit derzů uſser
eime hoffertigen grůnde kůmet, und iſt das die sache
das ie einer ueber den andern mit sime gůthe ſtigen
wil. Ich wil dir sagen, men gewinnet in disen citen
liplich gůt das es also sercliche wrt gewnnen mit
10 ein deil bihther urlop das es got wol weis der alle
dinc weis. Du solt wiſsen das der cǒflúte con-
cigencige in diesen citen gar wit worden iſt. Du solt
wiſsen, die burger, die kǒflúte die hiefor lebbentent
die worent * also gar gůtherzige menſchen und
15 worent also gar gůtes einfaltiges dinges und worent
also gar gerůwig in iren herzen mit allen irre kǒf-
manſchaft, und worent ǒch domitte also gar benůgig
das si benůgete mit cleinneme gůthe. Du solt wiſsen
das mit diesen kǒflúten got wonnete, und was das
20 die sache, er fant irre hercen nút also fǒl grites
und also gar zůrzeret also nu die kǒflúthe hant die
in diesen citen lebbent. Du solt wiſsen das got in
kein zůrbrochen zůrzeret herce kůmen mag; do got
wonnen sol do můs ein gerůwig herce sin. Der
25 menſche ſprach: ach hercekliches liepliches liep mins,
erbarme dich ueber si durch diener grůdelosen er-
bermede willen, und gip in das si for irme thode
des citlichen zůrgenclichen gůtes fúrgeſsende werdent
und das eewige gůt minnende und meinnende werdent.
Die entwrte ſprach: das solt du wiſsen das es in in
30 diesen citen gar not dette, wenne blibent si also
mit irme hoffertigen grite unce an das ende, so ſtot
es fere serclicher umbe si denne si selber bekennent
odder wiſsen megent odder in ir selbes bihther seit.

---

* *Schmidt* 39.

1 grit *s. Schriften aus der Gottesfreund-Literatur* 1, 101
zu V, 66, 36.   26 grůdelosen *für* grundelosen, *auch sonst oft;
desgleichen im Fünfmannenbuch.*

Der menſche ſprach: ach herceliep mins, wie erbarmet
mich dis folc, wenne si bekennent sin nút und wennent
si sellent gar wol gefarn. Die entwrte ſprach: das
iſt nút wor, ich wil dir sagen si bekennent es wol
und wiſſent es wol, abber si wellent es nút wiſen. 5
Ich wil dir sagen, got der rûnet in digke und fil in
ire hercen und in irre gedenke das si abbe sellent
losen unde sich derfan sellent keren, es si cit und
got húlfe in gerne das si derfan kemment, so lont
si sich den besen geiſt also gar umbefohen und um- 10
begrifen und beheften mit dem hoffertigen grithe das
si wellent ueber ander lúte ſtigen. Der menſche
ſprach: ach herceliep mins, erbarme dich ueber dis
folc, wenne ich getrûwe das si wennent das si ir gût
mit rehthe gewinnent und ſprechent, wer gût mit 15
rehthe gewinnen mege das si weger denne si mûsig
gont. Die entwrte ſprach: si findent redde wie si
wellent, das si in irme grite blibent; abber eins wil
ich dir sagen, du heſt wol geheret sagen das ge-
ſchriben ſtot das der riche man alles sin gût mit 20
rehthe gewnnen hette * und fûr doch in die helle;
das was des ſchûlt das er gotte das sinne forbehûp.
(16ᵇ) Du solt wiſen, es dette in diesen citen den
richen burgern, den kŏflúthen gar not das si sich
hiefor hûthent. Der menſche ſprach: sage mir, herce- 25
liep mins, wie soltent denne die kŏflúthe dûn das si
hiefor behût wrdent? Die entwrte ſprach: das wil
ich dir sagen; wenne es beſchehe das got eime kŏf-
man gehúlfe das er gros liplich gût gewnne das er
ein richer bûrger hiese, so solte er das liplìche gût 30
mit gotte deilen der es imme ŏch fúrlûhen het, und
das lìbliche gût das imme got fúrlûhen het, das solte
er nút mit der welte úppiger falſcher hoffart fúrthûn.
Der menſche ſprach: sage mir, herceliep mins, men
findet doch fil kŏflúthe die nút ire notthûrft hant; 35

---

wer den gůt das si keine kŏfmanſchaft tribent? Die
entwrte ſprach: es iſt wol erlŏbet das der menſche
sinne notthůrft gewnne, wo er si mit rehthe gewinnen
mehthe, abber die menſchen die in diesen citen lebbent
5 die hant uſser der notthůrft also fil gemaht das es
gar sercliche ſtot, und iſt das die sache das ieder-
man gůt gewinnet alse fil imme werden mag, in der
meinungen das er andern lúten gelich werde und
ŏch ueber ander lúte kůme. Ich wil dir sagen, ein
10 arm kŏfman wenne den got beriete das er und sine
kindelin wol fůrent, so solte er sich losen benůgen
und solte denne ein erber gettelich lebben an sich
nemmen, domitte er das eewige lebben erwrbe. Der
menſche ſprach: ach herceliep, ich wil dich mit ur-
15 lobe eins dinges froggen; sage mir, herceliep mins,
was iſt der sachen das du ein deil menſchen also
gros ummůgelich liplich gůt fúrliheſt, das ich ferthe
das es in nút núcce zů der sellen si? Die entwrte
ſprach: das wil ich dir sagen; du solt wiſsen das
20 got also gar vrbarmeherzig iſt das er nút kan noch
mag enberen, er lonne dem menſchen iemer ette-
womitte; wenne denne got siht das des menſchen
herce und gemůthe gar und ganc iſt gekeret uffe
diese zůrgenclichen dinc, so lonet imme got mit diesen
25 zůrgenclichen dingen und úrfúllet imme sinne be-
gerunge und sinen willen, und fúrlihhet imme fil
zůrgencliches gůtes und fil welt*licher zůr genclicher
eren. Abber ich wil dir sagen, es ſtot gar serclich
umbe die menſchen die irre benůgede hie in der zit
30 sůhent; ich wil dir sagen, dem richhen man dem
wart ŏch sin wille erfúllet in der cit, und můs
derumbe eewekliche ein helle brant sin. Du solt
wiſsen das fil menſchen farent fan dirre cit die men
nút wennet, si hant gar wol gefarn und fallent doch

---

* *Schmidt* 41.

34 nút wennet *s. Schriften aus der Gottesfreund-Literatur*
1, 98 *zu* I 17, 32 f.

zů dem richen man in den eewigen dot. Du solt
wiſsen, das urtheil gottes iſt nút also es die dorehthen
menſchen in irren sinnen usrihtent; du solt wiſsen,
das urtheil gottes iſt gar gereht und gar sleht und
ŏch gar swinde. Der menſche ſprach: herceliep mins, 5
ich wil dich eins dinges mit (17ᵃ) urlobe fregen;
sage mir, herceliep mins, du fúrnúteſt der burger, der
kŏflúte lebben gar sere; sage mir, herceliep mins,
lebbent si serclicher denne die eddellúte? Die ent-
wrte ſprach: des ſpriche ich nút; du solt wiſsen, wo 10
die eddellúte sint lebbent hie der welte noch also
men in diesen serclichen citen lebbet, so ſtot es gar
uebele und gar sercliche umbe si; herumbe iſt der
bûrger, der kŏfman nút deſte beſser, der alles sin
lebben mit grite und mit hoffart fúrtribet und sin 15
herce dag und naht zûrzeret und besorgende iſt wie
er fil gûthes zûsammene bringen mege. Der menſche
ſprach: ach herceliep mins, si wennent gar rehthe
dûn und enpfohent alle ior gottes lichomen. Die
entwrte ſprach: das iſt ŏch der ſchadde das si 20
wennent rehthe dûn und wellent ŏch rehthe han;
du solt wiſsen, woltent si sich demûtekliche bekennen
und woltent mit grosome erneſte fregen wie si zû
gotte kement, so mehthe ir rot werden; dûnt si des
nút, so ſtot es ŏch sercliche umbe si. Der menſche 25
ſprach: ach hercekliches liepliches liep mins, erbarme
dich ueber die criſtenheit.

Die entwrte ſprach: dûn uf diene ŏgen und sich
an wie die antwerc in den ſtetten in diesen cithen
lebbent. Lûge umbe * dich und sich an wie gar fol 30
grithes si in diesen citen worden sint, und sich an
wie gar fŏl hoffart und wie gar fŏl uebermûthes
man und wip in diesen citen worden sint; und sich
ŏch an wie gar fŏl nides und haſses die antwerc

---

* *Schmidt* 42.

11 sint *überflüssig? (Baesecke)*. hie] die. 28 *Überschrift
in EGK:* Dise nochgeſchribene rede iſt von den antwercken.

worden sint. Du solt wifsen das es in diesen citen
derzů ist kůmen das sich die antwerclúthe den wellent
geliche tragen under den si von rehther gettelicher
ordenunge von rehthe soltent sin. Ich wil dir sagen,
5 die antwerclúte die hiefor lebbentent, bedde man
und wip, die worent also gar einfeltig und ŏch also
gar zů grůnde demůtig mit irme gewande und mit
allen iren sitten und mit allen iren geberden und
mit allen iren werken, das in got in den citen gar
10 gůtlichhe thet. Du solt wifsen das diese rehthen
demůtigen wege und wisen also gar under den ant-
werclúthen zůrgangen sint; das ist ŏch die sache das
got nůt in iren hercen wonnen mag, du weist selber
wol das got in kein uebermůtig hoffertig herce kůmen
15 mag. Der menfche fprach: ach herceklíches liep-
liches liep mins, erbarme dich ueber die antwerclúthe,
wenne ich wonde nůt es werent gar einfeltige demůtige
menfchen, so sihhe ich nů wol es důt in ŏch gar
not das du dich erbarmest ueber si; liebes herceliep
20 mins, ich begere an dich das du dich wellest er-
barmen ueber die antwerclúte.

Die entwrte fprach: důn uf diene ŏgen und sich
an wie gar wnderlichhe die geburen in den derfern
in diesen citen lebbent. Du solt wifsen, die geburen
25 lebbent in diesen citen onne alle gottes forthe rehthe
also fihhe, und si sint ŏch also gar fchalcehte
worden und also rehthe hoffertig und also rehthe
bese in irme gemůte, und si tragent in diesen citen
also gar zů grůnde bese gedenke und willen in
30 iren hercen, domitte si der bese geist besefsen het
mit aller sinner craft. Du solt wifsen, wenne das
got wrt erbetten durch sinne frůnt, do befchehhent
anders grose wnder durch die geburen. Der menfche
fprach: * ach herceklíches liebliches liep mins, wer

---

* *Schmidt* 43.

22 *Überschrift in EGK:* Dise nochgefchribene rede ist von
den geburen.

min armes krankes gebet núcce, so wolte ich dich
gerne von grůnde mins hercen bitten das du es langer
uffchlůgeft.   Die entwrte fprach: das wil ich dir
sagen, got (17ᵇ) der fúrtreit der criftenheite unce
uffe eine ftůnde, unce das es die gerehthekeit gottes 5
nimme lidden wil.   Der menfche fprach: das lo dich,
herceliep, erbarmen und mache ein gůt ende drůs.
Die entwrte fprach: wie es ende sol nemmen das weis
got wol der alle dinc weis.   Ich wil dir sagen, die
gebúren worent hiefor also gar zů grůnde einfeltig 10
und also rehthe demůtig und also rehthe fől gůter
gedenke und willen, das in got in den citen gar
gneddig was zů selle und zů libe.   Der menfche
fprach: ach hercekliches liepliches liep mins, ich
weis rehthe was ich me sol fprechen wenne das 15
mich die criftenheit zů grůnde mins hercen ser
uebelle erbarmet.

Die entwrte fprach: es ift noch nút; du solt
wifsen du můft noch gar grose grůwelliche unfletige
fchemmelliche erfchreckenliche súnden befinden; nů 20
důn uf diene őgen und din herce und nim gar genote
war und sich umbe dich und sich werzů wibesnamme
worden ift und őch wer wibeszůht kůmen ift, und
lůge und sich wie gar alle rehthe getteliche forthe
und getteliche fchamme in den wiben zůrgangen ift; 25
lůge umbe dich und nim war werzů wibesnamme in
diesen citen kůmen ift.   Du solt wifsen das die
wibesnamen noch irre mosen fere kůner und freffeler
und můtwilliger zů súndende sint worden denne man.
Der menfche fprach: ach herceliep mins, ich getrůwe 30
das men noch gar fil selliger erber froewen findet.
Die entwrte fprach: das wil ich nút widderredden,
men finde noch gůte wibesnamme, abber wie fil der ift
das weis got wol der alle dinc weis.   Ich wil dir
sagen, so ich zů dir redde von wibesnamme so meinne 35

---

18 *Überschrift in EGK:* Dise nochgefchribenne redde ift
von den wiben.

ich nút alle wibesnammen, ich meinne die wibes-
nammen die sich der welte an nemment und me be-
sorget * sint wie si der welte gediennent denne gotte,
und me cit und ſtůnden der welte gent denne gotte.
5 Ich wil dir sagen, wibesnamme iſt in diesen serclichen
geggenwertigen citen worden zů einer dúfelſchen
hellenſchen mortgrůben. Der menſche ſprach: ach
hercekliches liepliches liep mins, erbarme dich durch
diener grůndelosen erbermede willen ueber wibes-
10 namme. Die entwrte ſprach: sage mir, wie wolteſt
du das sich got me ueber si erbarmete denne er
důt? du siſt doch selber wol das er in alles das
fúrhenget und fúrtreit das si in diesen citen fúr-
bringent und důnt. Der menſche ſprach: ach herce-
15 liep mins, abbe dirre redde bin ich sere uebelle
erſchrocken, und iſt das die sache, das ich ferthe
das du meinneſt das du wibesnamme iren můtwillen
in dirre cit welleſt losen und du ir in der eewikeit
welleſt fúrgeſsen; ach herceliches liep mins, das un-
20 důn nút und erbarme dich durch diener grůdelosen
erbermede willen ueber wibesnamme, und gedenke
deran das du dich digke heſt erbarmet ueber mannige
offenne súnderin. Die entwrte ſprach: das iſt wol
wor, abber die offene súnderin súndete in groser
25 forthe und kam ŏch zů růwe und zů bihthe; abber
ich wil dir sagen, dise freffeln wip die wellent
bidderwe wibesnammen heisen, abber du solt wiſsen
das ir fil in diesen citen uf ertriche iſt die gottes
lichomen alle ior enpfohent, die gotte fil ungenemmer
30 sint denne etteliche offene súnderin; (18ª) und du
solt wiſsen das die selben freffeln wibes nammen
demme thúfele ferre weger und lieber sint denne
etteliche offene súnderin, und iſt das die sache das
si imme me rotes und nucces ſchaffent denne ette-
35 liche offene súnderin. Der menſche ſprach: ach

* _Schmidt_ 44.

20 grůdelosen _s. zu_ 44, 26.

herceliep mins, erbarme dich ueber wibes namme.
Die entwrte ſprach: du ſpricheſt got ſelle sich er-
barmen ueber wibes namme; sage mir, wie sol sich
got erbarmen ueber wibes namme? lůge umbe dich
und nim war wie gar ſchentliche und wie gar 5
ſchemmeliche und wie gar unkůſchekliche wibes
namme in diesen citen gont mit irme gewande und
mit allen iren geberden. Ich wil dir sagen was gar
digke und gar fil in diesen serclichen citen * beſchiht;
ich wil dir sagen, du solt wiſsen das fil wibes namme 10
die in diesen citen lebbent und bidderwe wip wellent
heisen, das under den wibesnamme gar fil iſt der
eine gar digke uffe ein dag hůndert dot sůnden důt,
und fon den dotsůnden wil si derzů nůt wiſsen, und
iſt si doch in der rehthen worheit an in allen ſchůldig. 15
Der menſche ſprach: sage mir, herceliep mins, was
iſt der meinungen das si also unwiſsende in sůnde
fallent? Die entwrte ſprach: das wil ich dir sagen
was der meinungen iſt: die meinunge iſt, siht ein
man ein also gar fůr losen wip an, die mit also gar 20
unkůſcheme gewande und gezierde get, beſchiht es
denne das der man demme wibe noch get in demme
gancen willen, mehthe imme das wip werden er wolte
mit ir sůnden, du solt wiſsen, also digke der man
dis důt mit bedothen můte und willen, so důt der 25
man eine dotsůnde, wie das iſt das es niemer zů den
werken kůmet; und du solt wiſsen, also digke der
man in dotsůnde fellet, als digke fellet das fůrlosenne
wip mit dem man in dotsůnde, wenne das fůrlose
wip iſt sin ein ursache und ein anhebberin gesin; 30
ich wil dir me sagen, siht ein man ein sollich fůr-
losen wip an, es si in der kirchen, es si an der
ſtrosen, es si an wellen enden das si, fellet dem
man von des fůrlosen wibes wegen unkůſchekeit in,
und beſchiht es denne das der man get an die ſtat 35
do er eine offene feile sůnderin findet und sůndet
mit der, der man důt eine dotsůnde und die offene

* *Schmidt* 45.

súnderin důt ŏch eine dotsúnde, an diesen bedden
súnden ift das fúrlosene hoffertige wip fchůldich die
den man zů demme erften mole mit der gesihte der
zů brothe und in fúr fellete mit iren unkúfchen
5 cleidern und geberden; wie das si das sis selber mit
den werken nút endůt und ŏch nút drumbe wil
wifsen, so ift si doch unwifsende in dotsúnde ge-
fallen. Lůge umbe dich und nim selber war, ebbe
ein fúrlosen wip nút mege uffe ein dag hůndert dot-
10 súnden gedůn und machet důnde von irre fúrlofsen-
heite wegen an den si allen fchůldig ift. Der
menfche fprach: ach herceliep mins, zúrne nút das
ich rede; ich wil dir sagen, ich han digke geheret
* sagen das ein deil lerer fprechent, der menfche
15 důn nút lihtekliche eine dotsúnde, selle er eine
dotsúnde důn so můse er si gar freffellliche und mit
eime rehthen wifsende důn, und fprechent, das der
menfche nút enweis das fchat imme ŏch nút. Die
entwrte fprach: das ift nút wor; ich wil dir sagen,
20 weller menfche zů sinnen dagen ift kůmen und fan
gotte het fúr numft und befcheidenheit, der ift
fchůldich criftenliche ordenunge zů wifsende und
ŏch ftette zů haltende; sage mir, werumbe het ime
got anders sinne fúrnumft und sinne (18ᵇ) befcheiden-
25 heit fúrlůhen? Der menfche fprach: ach herceliep
mins, erbarme dich ueber die criftenheit. Die ent-
wrte fprach: ich wil dir sagen, du solt wifsen das
wibesnamme het fúrgefsen alle getteliche wipliche
zůht, und het ŏch fúrgefsen alle rehthe getteliche
30 forthe; wibesnamme lebbet in diesen serclichen cithen
widder alle befcheidenheit ufser ir selbes eigin můt-
willeger wisen; ich wil dir sagen, dofan befchiht es
gar digke und gar fil, so ein sollich fúrlosen wip
kůmet an ir ende, so vnpfohet si gottes lichome, und
35 wennent denne die frúnt nút si selle gar wol farn?
so ift der dúfel do gesin und het demme fúrlosennen
wibe also fil wnders fúrgehebet das si fúrzwifelte,

<hr>

* *Schmidt* 46.

und für denne in den ewigen dot; dis ist gar digke
und gar fil mannigem freffeln wibesnamme beschehhen
die ire cit hettent mit also grosen fúrlosenheit fúr-
tribben. Der menſche ſprach: ach herceliep mins,
dis iſt wibesnamme gar eine erſchreckenliche redde; 5
ach herceliep mins, ich wolte, wer es din wille, das
dise redde alle wibes nammen hortent odder es in
die bihther abber durch den múnt seitent, so getrůwe
ich wibesnamme si doch also zart das si soltent er-
ſchrecken und ir lebben soltent beſsern. Die ent- 10
wrte ſprach: das wil ich dir sagen, dirre falſchen
liebekosenden bihther iſt manniger gefallen in den
eewigen dot, und die bihthedochther das fúrlosene
wip uffe den bihther. Der menſche ſprach: ach
herckliches liepliches liep mins, mich erbarmet von 15
grúnde mins hercen wibesnamme; ach herceliep mins,
erbarme dich ueber wibesnamme. Die entwrte ſprach:
lúge und sich * selber wie es got die lenge selle
fúrtragen, wenne ich wil dir sagen, wibesnamme iſt
zů gar ferre uſser aller rehther gettelicher ordenunge 20
kůmen; ich wil dir me sagen, men findet das fúr-
losene wip in disen geggenwertigen citen die in
důsent dotsúnden gottes lichome enpfohet. Der
menſche ſprach: ach herceliep mins, wie iſt das
einne so gar erſchreckenliche herte redde; ach herce- 25
liep mins, sage mir was iſt der meinungen? Die
entwrte ſprach: das wil ich dir sagen; die meinunge
iſt, so ein sollich fúrlosen wip ein ganc ior lebbet
in aller irre fúrlosenheite, so denne das ior uskůmet
und die faſte kůmet, so kůmet si zů irme bihther 30
und bihthet imme, und bihthet imme nút von den
fúrborgen dotsúnden do si ein ganc ior inne het ge-
lebet, und het ǒch willen das si noch ǒstern widder
in die erſte fúrloſenheit welle tretten, und deruf
behebet si allen den gezúg der zů der fúrlosenheite 35
hert. Der menſche ſprach: ach herceliep, ich getrůwe
wenne si zů dem grosen erwrdigen lichomen sellent

* *Schmidt* 47.

gon, das si forhin gar erneschliche hant gebihthet.
Die entwrte fprach: es ift wol wor si bihthent forhin,
abber si bihthent nút mit eimme gancen creftigen
willen nimer me willen han zů dúnde widder got;
5 du solt wifsen, si het ein ganc ior gelebbet mit aller
irre fúrlosenheite do fil menfchen inne fúrfallen sint
do si an in allen fchúldich ift und ir derzů nút
bihthet noch rúwet; und ift das die sache, das si die
fúrlosenheit noch östern widder wil triben. Du solt
10 wifsen, dirre wibe (19ᵃ) findet men fil in der criften-
heite, die gottes lichome enpfohent zů den oestern
me denne in důsent fúrborgen dotsúnden, do si nút
umbe wellent wifsen und si doch in der rehthen
worheit an in allen fchúldich sint. Der menfche
15 fprach: ach herceliep mins, wie bin ich von dirre
redde zů grůnde uebelle erfchrocken; ach herceliep
mins, so důnket mich das es weger were die bihther
fúrbúttent den frefeln wiben gottes lichome denne
si in urlop gent zů enpfohende. Die entwrte fprach:
20 du solt wifsen, wer der bihther ift der ein sollich
fúrlosen wip urlop git und si heiset gottes lichome
enpfohen, demme bihther * wer fere weger er liese
imme ein gemmerlichen fchemmelichen dot andůn
durch got; ich wil dir sagen, ftirbet der bihther onne
25 grosen rúwen, er fellet in eine gar diefe grůbe und
das fúrlosene wip uffe den bihther. Der menfche
fprach: ach herceliep mins, was sol ein bihther me
důn, so men imme gelobet befserunge? důt men ir
denne nút, das getrúwe ich es si imme leit. Die
30 entwrte fprach: Das wil ich dir sagen, got der ueber-
sehhe wol befchehe es nůgent zů einen mole; so het
ettelich wip ettelicheme bihter zwei ior odder fúnf
ior odder zehhen ior nút wor geseit, und het alle
ior gottes lichome enpfangen; das solt du wifsen,

---

* *Schmidt* 48.

1 ernenneschliche.   30. 31 *am Rande:* daz schilet.
32 bitter.

das ift fals; der bihther solte dergon, welles wip in
zů einnen mole betrůge, so solte er ir dernoch niemer
me erlöben noch heisen gottes lichomen zů enpfohende,
si hette denne for alles das abbe geleit und hinne
geleit das zů súnden treffen odder reisen mag. Der 5
menfche fprach: ach herceliep mins, so důnked mich
das es weger were das diese fúrlosenne wibesnammen
onne gottes lichome werent, denne si in alle ior
enpfohent. Die entwrte fprach: io du solt wifsen
das in fere weger were under zweigen eins, das si 10
den munt ufdettent und hůndert důsent dúfele liesent
můtwilkliche in si farn, denne si gottes lichome zů
einnen mole enpfingent. Du solt wifsen das es in
diesen serclichen citen derzů ift kůmen das men gottes
lichomen gar kleine ere bútet. Der menfche fprach: ach 15
herceliep mins, ich ferthe, wer(t)e men dem menfchen
gottes lichomen zů enpfohende, das er fúr růhe und
fere beser werde denne for. Die entwrte fprach:
sage mir, du bift eine arme creature, hette dich
morne ein menfche geladden das dirs wol solte 20
biethen, und ginge der menfche der und beslůfse dich
in ein ftinkende fprochhůs, sage mir, wie wol wolteft
du das fúr gůt han? Der menfche fprach: ach herce-
liep mins, wie bin ich dirre redde so gar uebele
erfchrocken! herceliep mins, diese redde het mir 25
fúrsnitten min herce in mime liebe; liebes herceblůt
mins, diese rede het mich so sere erfchrecket, das
ich gedenke ich getere dich nimer me also digke
* enpfohen inme sackermente also ich for han geton.
Die entwrte fprach: nein du solt nút erfchrecken, es 30
ift nút also du wenneft; ich wil dir sagen, du solt
wifsen die menfchen die sich gotte zů grunde hant
gelosen, der lúccel in diesen citen ift, du solt wifsen,
wo der menfchen eins ift, das wer gotte lieber das
der menfche gottes lichome alle dage enpfinge denne 35
in ein súndig fúrlosen menfche zů důsent ioren zů
einem mole enpfinge. (19ᵇ) Der menfche fprach: liebes

----

* *Schmidt* 49.

herceliep mins, ich getrûwe diener grûdelosen barme-
hercekeit wol das du diesen wibesnamme nût also
herte sift also diese wort hellent. Die entwrte fprach:
das wil ich dir sagen, got der ift barmhercig úber
5 die gungen kint die noch nût zû irren dagen sint
kûmen das si fchûldich sint gottes lichomen iores
zû enpfohende; abber ich wil dir sagen, die wibes-
nammen die zû irn dagen sint kûmen und alle ior
gottes lichome enpfohent und alle ior gotte ge-
10 lobent befserunge, und imme denne alle ior mit
irre fúrlofenheite abbegont und gotte brechhent
sinne geluebede, umbe die wibesnammen ftot es gar
sercliche; und ift das die sache, das si zû iren dagen
sint kûmen und fchûldich sint worden criftenliche
15 ordenunge zû haltende. Ich wil dir sagen, du solt
wifsen, wenne die selle erft von dem libe kûmet, so
ift es nûme zû fchonnende, die selle ift denne in das
ftrenge urtheil gottes gefallen, und die selle wrt an
ftette gelosen sehhen alle die werc die si demme
20 fûlen ftinkenden lichomen fúrhenget het, si sint bese
odder gût, und noch diesen werken mûs die selle
sich selber urtheillen. Der menfche fprach: ach
herceliep mins, mich erbarmet zû grûnde uebele die
wibesnammen die mit der welte úppiger falfcher fúr-
25 losener zûrgenclicher frêden umbegont; sage mir,
herceliep mins, ebbe es nû befchehe das dirre wibes-
namme eine sich umbekerte und ein gût wille in si
kemme das ir ire súnde leit wrde und befsern und
bûfen wolte, sage mir, herceliep mins, solte men der
30 nút gottes lichome gebben? Die entwrte fprach: io,
wofan nut? men solte ir an ftette gebben. Der
menfche fprach: sage mir, herceliep mins, wrket
gottes * lichome út fafte in dem menfchen das alle
sinne dage het gelebet in fúrlosenheite und nû
35 widderkeret mit rûwe und mit bihthe, und dich

---

* *Schmidt* 50.

1 grûdelosen *s.* *zu* 44, 26.

denne, einigeſtes herceliep, selb selber unpfohet?
Die entwrte ſprach: das wil ich dir sagen: also gottes
lichome den iſt ein eewiger ſchlac den menſchen die
in in fúrloſenheite enpfohent, also iſt er diesen
widderkerden menſchen ein eewiger ufunthalt, minre 5
und me, also dernoch des menſchen rûwe und
beſſerunge iſt. Ich wil dir sagen, welles wip gottes
lichome enpfohet in eime gancen feſten rûwen und
in eime gancen willen sich zû hûtende vor der welte
falſcher zûrgenclicher súntlicher frĕden, do solt du 10
wiſen das gottes lichome an ſtette gar frûhtberliche
wrket; du solt wiſen das gottes lichome die eddelle
selle an ſtette nimmet und dût si uſer der hellen
und seccet si in das fegefúr das nút eewekliche
weren sol. Der menſche ſprach: sage mir, herceliep 15
mins, die selle mûs doch bi demme libe sin, sol der
menſche gottes lichome enpfohen, so ſpricheſt du
gottes lichome nemme die selle uſer der eewigen
hellen und secce si in das fegefúr; sage mir, herce-
liep mins, was iſt dirre meinungen? Die entwrte 20
ſprach: das wil ich dir sagen, die meinunge iſt:
wenne der menſche in dotsúnden iſt, so iſt die selle
geſchribben in die eewige helle, wenne es abber
beſchiht das der menſche (20¹) mit eime gancen
rûwenden erneſte gottes lichome enpfohet, so solt du 25
wiſen das gottes lichome also gar frûhtberliche
wrket, das er die eddelle selle an ſtette nimmet uſer
der eewigen hellen und seccet si in das fegefúr. Der
menſche ſprach: herceliep mins, mich het súnderlinge
gros wnder an wibesnamme das si nút gar sere er- 30
ſchreckent abbe der hellen, die eewikliche onne ende
bliben und weren mûs. Die entwrte ſprach: das wil
ich dir sagen, die sache iſt das si der thúfel lúcce-
far gar faſte het umbefangen, und iſt das die sache
das er gar wol bekennet und weis das si imme in 35

---

3 schlac *korrigiert in* schade, *und zwar von derselben*
Hand, die 54, 30. 31 *den Eintrag am Rande machte;* schlag *G;*
schlac *K;* slag *Gr. Memorial.*

diesen serclichen citen gar fil rotes und nucces
* fchaffent; ich wil dir sagen, lúccefar dût mit aller
sinner gesellefchaft und mit aller sinner maht wie
er mag das er diese weltlichen dorehthen fúrlosen
5 wibesnamme bi imme behebe das si imme nút en-
wenkent. Der menfche fprach: herceliep mins, mich
het gros wnder an wibesnamme, also gar carte
creaturen si sint, das si in diesen citen also gar
meinliche kûne und also gar fúrwegene gemûte ge-
10 wnnen hant; liebes herceliep mins, erbarme dich
ueber wibesnamme.

Die entwrte fprach: lûge umbe dich und sich an
werzû die hellege e worden ift. Du solt wifsen,
das meifte deil der menfchen die in diesen serclichen
15 citen lebbent in der e, die machent die hellege e
zû einer miftlachen; und ift das die sache das si
lebbent in der e also fihhe, mit allen demme mût-
willen den si in der natturen erzúgen megent, und
lebbent widder alle rehthe gesatte ordenunge der
20 helgen e und widder alle befcheidenheit. Ich wil
dir sagen, got der satte die helge e nút in der
meinunge uf das men alle unfûre und allen mût-
willen dinne solte triben, got satte die helge e, in
der alten e und in der nûwen e, uf das men in der
25 helgen e gar ein gettelich rehtfertig erneftaft lebben
solte fûren, und solte si halten mit aller der ordenunge
also si uf ift gesat. Der menfche fprach: ach herce-
liep mins, die bihther fprechent, die menfchen die
nû in diesen citen lebbent die sint zû kranc worden
30 das si der helgen e nút also ftrencliche megent ge-
halten also si uf ift gesat. Die entwrte fprach: das
ift nút wor und ift eine falfche glose und ift eine
falfche lere; ich wil dir sagen fúr die rehthe worheit,

---

* *Schmidt* 51.

9 meinliche *wohl* = magenliche.　12 *Überschrift in*
EGK: Dise nochgefchribene rede ift von der heiligen e.

so solt du wifsen, wer der menfche were der die
hellige e ftette hilte noch der ordenunge also si
ufgesat ift, wer der menfche were, er solte fere
fterker sin denne der menfche der noch allen sinnen
mûtwillen lebbet; du solt wifsen das got nút ein 5
zûrfterer der natturen ift, got ift ein follefûrer liebes
und sellen * den menfchen die noch sinnen willen
lebbent. Ich wil dir sagen, du solt wifsen das men
also fil in diesen citen widder die gesatte ordenunge
der helgen e lebbet, das ift ŏch sache das mensfchliche 10
natture in diesen citen also kranc ift worden. Der
menfche fprach: ach herceliep mins, erbarme dich
ueber menfliche natture.

Die entwrte fprach: du fpricheft got selle sich
erbarmen. Sage mir, wie lange sol sich got erbarmen? 15
du sift doch selber wol das die criftenheit fŏl alles
unflotes worden ift mit fŏl manneger hande unkûfche-
keit, bedde in der e und onne die e, bedde in pfaffen
und in leggen, bedde in froewen cleftern und (20ᵇ)
in manne cleftern. Du solt wifsen men findet in 20
diesen citen nút fil menfchen, si sint iemer ettewo
mitte beflecket; sint si nút mit der gethot beflecket,
so sint si abber mit dem willen beflecket. Sage mir,
was wilt du noch das got sol annefohen odder was
sol er dûn in diesen citen? Ich wil dir sagen, du 25
solt wifsen das got lies die welt undergon unce an
ahthe menfchen von einer súnde wegen. Du solt
wifsen, solte got die welt losen undergon fon súnde
wegen, so mûfte er si alle dage und alle ftûnden
losen undergon, also ŏch wol ettewas for fpilles in 30
kurcen ziten befchehhen mag. Der menfche fprach:
ach hercekliches liepliches liep mins, nút redde
also und gedenke deran das du uns also rehthe dúre
kŏft heft mit dieme kofppern blûte und mit dieme

---

* *Schmidt* 52.

6 *vgl. Seuse ed. Bihlmeyer* 222, 21 ff. *mit der Anm.*
10 helge. 17 *lies* mit fil *oder* und fŏl. 31 zites.

bittern ſchemmelichen dode. Die entwrte ſprach:
ich han dirs me geſeit, was ſol got gedenken an
ſin dot? Ich wil dir ſagen, ſin dot iſt doch also
gar fúrgeſen in der menſchen hercen die nů in diesen
5 serclichen citen wonnent; ich wil dir abber ſagen,
ſi hant ſin abber gar unfer geſen in dem múnde
mit zwerende und mit got uebel handelde und mit
allen besen unſůfern unkúſchen worten. Der menſche
ſprach: ach hercekliches liepliches liep mins, erbarme
10 dich ueber die criſtenheit und warne ſi abber womitte
du wilt, das ſi nút also gar blindelinge und also gar
gemmerliche in iren súnden fúrderbent. Die entwrte
ſprach: du ſpricheſt got selle ſi * abber warnen; ich
wil dir ſagen, ſich es selber an und ſich wie gar
15 frúntliche und wie gar getrúweliche ſi got gewarnet
het in kúrcen ioren, und nim war wie gar unferfenc-
liche es iſt gesin und wie gar lúccel es geholfen
het und wie gar undancberliche es die criſtenheit
enpfangen het, und ſich an wie gar ſin fúrgeſen
20 iſt, rehthe also ebbe es for důsent ioren beſchehen
were, und ſich ǒch wie ſich die criſtenheit derzů
alle cit ergert und fan cit zů cit ie beser und ie
beser wrt. Der menſche ſprach: diese wort snident
mir durch herce und durch selle. Die entwrte ſprach:
25 du solt wiſsen das die criſtenheit diese grose gnode
also undancberliche het enpfangen und ſich so lúccel
dobi het gebeſsert, dennefan mag es wol beſchehhen
wenne got nů wrt ſchlahende, das er wrt fúrhengede
das ie ein menſche das andere wrt ermúrdende und
30 erſchlahende, und gar gros wnderlich angeſt und
not und iomer wrt nfſtonde in der criſtenheite. Der
menſche ſprach: ach hercekliches liepliches liep
mins, das důn nút geswinde, ſich e an diene grúnde-
lose erbarmehercekeit die dich twang von himmel
35 herabbe zů kůmende uffe dis ellende ertriche uns
armen súndern zů helfe. Die entwrte ſprach: was
ſol got důn? lůge umbe dich und ſich selber an

_____

* _Schmidt_ 58.

ebbe nůt das meiſte deil der menſchen zů ſchlahende
und zů mûrdende sint bereit; du siſt selber wol, die
menſchen die in diesen serclichen citen lebbent, (21ᵃ)
das die also gar fôl hoffarte sint, und also gar fôl
niddes und haſses, das ie eins das ander wil under 5
sich trucken; hienoch ringet und fihthet und wirbet
das meiſte deil der menſchen die in diesen serclichen
citen lebbent. Dis kůmet alles von uebermůtiger
hoffart; von der hoffarte wegen ſties got lúccefar
her abbe und alle sinne nochfolger mit imme. Nů 10
der, was wolteſt du das got dette, sidder du selber
wol siſt das die criſtenheit vol hoffertiges uebermůtes
worden iſt, und siſt ôch selber wol das der criſten-
lúte herce zů ermúrdende sint bereit, und siſt ôch
selber wol das die criſtenheit vol aller falscher 15
mûrdeger súnden worden ist. Du solt ôch wiſsen
das es in diesen serclichen citen derzů iſt kůmen
das men súnde * nůmme fúr súnde wil han. Diese
dorehthen debbigen menſchen ſprechent ôch: ach das
wir nůt unwiſsent das ſchat uns ôch nůt; du solt 20
wiſsen, die also freffelliche reddent widder got und
widder criſtenliche ordenunge, in si ſchimf oder erneſt,
umbe die menſchen ſtot es gar sercliche. Ich wil
dir sagen, du solt wiſsen das ein deil menſchen in
diesen serclichen citen lebbent, die důnt rehthe also 25
ebbe got keinen gewalt me hette. Der menſche
ſprach: ach herceklîches liepliches liep mins, erbarme
dich ueber die arme criſtenheit und gedenke deran
das das bese guddeſche folc und das bese heidenſche
folc alle samment widder dich důnt und ôch mit 30
gancer craft widder dich sint und ôch alle fúrlorn
werdent. Die entwrte ſprach: ich wil dir sagen, du
heſt rehthe das du ſpricheſt got ſelle sich erbarmen
ueber die arme criſtenheit, wenne du solt wiſsen das
die criſtenheit in fil hůndert ioren nie so arm noch 35

---

* *Schmidt* 54.

19 *vgl. Meisterbuch* 33, 1 dump doebig dorehte.   29 iůtsch
G; iᵛdesche *K*.

so bese wart also in diesen citen; abber ich wil dir
sagen, das du fpricheſt das das bese guddeſche folc
und das bese heidenſche folc alles fúrlorn selle
werden, das iſt nút wor; ich wil dir sagen, got der
5 het ein deil heiden und ein deil gudden in diesen
citen fil lieber denne fil menſchen die criſtonnammen
hant und doch widder alle criſtenliche ordenunge
lebbent. Der menſche fprach: ach herce liep mins,
wie het(?) mich dis eine so fremmede redde; sage mir,
10 herceliep mins, was der meinungen si. Die entwrte
fprach: das wil ich dir sagen; die meinunge iſt, wo
ein gudde oder ein heiden, an wellen enden der
welte er were, het der gudde oder der heiden einen
gûten got ferthenden grûnt in imme und iſt domitte
15 einfeltig und bidderwe, und bekennet in aller sinner
fúrnúnftigen befcheidenheit keinen beſsern glŏben
denne den glŏben do er inne geborn iſt, und het
ŏch das in sime grûnde und in sime gancen willen,
befúnde er ein andern glŏben das imme zů bekende
20 wrde gebben das er gotte lieber were denne sin
glŏbe do er inne geborn iſt, er wolte simme glŏben
urlop gebben, * und solte er derumbe wogen lip
und gût, so wolte er gotte gehorsam sin; ich wil
dir sagen, wo der gudden odder (21ᵇ) der heiden
25 einer iſt der do in eime sollichen grosen erneſte
lebbete, sage mir, solte der einre gotte nút fil lieber
sin denne fil beser falſcher criſtonner menſchen die
den dŏf hant enpfangen und wol wifsent das si
widder got dŭnt und es doch dŭnt? Ich wil dir
30 sagen, dis dŭt der gûte gudde oder der gûte heiden
nút, er bekennet kein beſsers, bekante er ein beſsers
er wolte e den dot lidden durch got er keme denne
zů dem beſsern. Der menſche fprach: ach herce
liep mins, diese redde het(?) mich gar eine wnderliche
35 fremmede redde, und wil dir sagen wofan men findet
in der helgen geſchrift geſchribben und iſt ŏch unser
criſton glŏbe das nieman zů himmelrichhe mege

---

* *Schmidt* 55.

kůmen er si denne e in dem helgen dŏfe gedĕfet.
Die entwrte fprach: das ift ŏch wor und ift ŏch reht
crifton glŏbe; ich wil dir abber sagen, wo got findet
einen also gar gerehthen gůten heiden odder einen
also gar gerehthen gůten gudden, was důt denne got? 5
ich wil dir sagen, got der mag von sinner friggen
minnen und von sinner grůndelosen erbermede nůt
gelosen er kůme in zů helfe; ich wil dir sagen, got
der findet mannegen fůrborgen weg das er die gůt-
willigen gotmeinnenden menfchen nůt fůrlorn lose 10
werden, si sint ioch an wellen enden si wellent in
der witen welte. Der menfche fprach: sage mir,
herceliep mins, wie gedůft du denne das diese un-
gedĕfeten menfchen behalten werdent? Die entwrte
fprach: das wil ich dir sagen, dis befchiht in manneger 15
hande fůrborgener wisen die der mennege der criften-
heite in diesen citen unbekant ift; abber ich wil dir
sagen von einer wise die der criftenheite wol zů
glŏbende ift und si ŏch wol glŏbet; ich wil dir sagen,
wo dirre gůter heiden odder dirre gůter gůden einer 20
an sin ende kůmet, so kůmet imme got zů helfe und
urlůhtet in mit criftoneme glŏben, das der crifton
glŏbe imme also bekant wrt das er von allen sime
hercen des dŏfes begerde wrt; mag imme denne der
dŏf nůt geggewertig werden und ift doch sin begirde 25
von grůnde * sins hercen dernoch, so wil ich dir
sagen was got denne důt, got der get und dĕfet in
in sime gůten begerden willen und in sime ellenden
dode. Du solt wifen das dirre gůter heiden und
dirre gůter gůden fil ift in demme eewigen lebbende, 30
die alle in sollicher wisen drin sint kůmen. Du solt
wifen, das san păwels ŏch also befchach; san păwels
was ein gar bidderwer got ferthender man, und was
doch ein durchehther der criftenheite; das det er
in der meinungen das er gotte ein grosen dieneft 35
wonde mitte důn. Du solt wifen das gar kůme kein
got ferthender getrůwer gerehther demůtiger menfche

* *Schmidt* 56.

fúrlorn mag werden, er si an wellen enden er in der
witen welte wonne, got findet iemer etlichen weg
das er behalten wrt; wenne du solt wifsen das der
(22ᵃ) hoffertigen ungerehthen menfchen also gar fil
5 wandelt in diesen serclichen citen in der criftenheite,
der gar fil farent in die eewige helle, die men doch
bi irme lebbende hette fúr erbere bidderwe menfchen.
Ich han dirs me geseit, ich wil dirs abber sagen, du
solt wifsen das das urtheil gottes gar fil anders ift
10 denne es diese dorehthen menfchen fcheccent; du
solt wifsen, wenne die selle von dem libe kůmet, so
můs si sich an ftette selber urtheilen, wenne ir wrt
an ftette aller der gebrefte fúrgehebet den si in
dirre cit geuebet het, noch demme gebreften můs sich
15 die selle an ftette selber urtheilen. Der menfche
fprach: ach herceliep mins, wie ift dis eine so gar
grůwelliche erfchreckenliche redde; ach herceliep
mins, wer es din wille, wie wer es mir denne so gar
treftliche das alle menfchen din ftrenges urtheil be-
20 kantent, ich getrůwe, wie herte si werent si wrdent
ir lebben befserde. Die entwrte fprach: lůge umbe
dich und nim war wie gar fil menfchen sint die
crifton nammen hant, abber si wellent der crifton-
licher ordenunge nút halten; ich wil dir sagen men
25 findet fil menfchen in diesen serclichen citen die
fúnf ior odder zehhen ior odder zwenzig ior onne
gottes lichome sint gesin; sage mir, sint das crifton-
menfchen? ich wil dir sagen, si megent wol ein
criftonnammen for den lúten han, si sint abber for
30 gotte keine criftonmenfchen, * wenne si heisent for
gotte die gottes fúrsmoher. Ich wil dir sagen, also
alle citliche dinc ende můsent nemmen, wenne es
denne befchiht das dirre ungehorsammene menfche
und dirre gottes fúrsmohende menfche einer an sin
35 ende kůmet, so kůmet sin bihther und sinne frúnt

* Schmidt 57.

14 geuebet *wohl von anderer Hand gebessert in* geůbet.
23 f. *vielleicht auch* cristenlicher.

und ſprechent zů imme er ſelle sich rihthen und
ſelle gottes lichome enpfohen, so hant dirre menſchen
fil geſprochen: nein ich wil noch beithen, ich bin
noch ſtarc, ich kůme noch wol. Lůge umbe dich
was minnen diese menſchen zů gotte hant; ich wil 5
dir sagen, si hant alle ire dage nút fil minne zů
gotte gehebet, dofan hant si ŏch an demme ende nút
fil minne; ich wil dir sagen, die werc die onne minne
beſchehhent die sint kleinne for gotte. Ich wil dir
sagen, so diese menſchen also kranc werdent das die 10
dodesſteſſe imme gerotent not důn, so ſprichet er
erſt: es iſt cit, heiſſent mir gottes lichome hertragen.
Was důt denne got? du solt wiſſen das got an ſtette
gehorsam iſt und lot sich der tragen; so unpfohet
dirre menſche gottes lichome mit einer gar demůtiger 15
ſchinender geberden, das die frúnt und der bihther
alle fro werdent, und ſprechent denne zůsammene:
wir getrůwent zů gotte wol er ſelle einne gůte fart
sin gefarn, er het iemer gar ein gůt semfte ende ge-
nůmmen und sint imme alle sinne reht beſchehhen. 20
Der menſche ſprach: ach herceliep mins, ich wonde
selber nút, so ein menſche dich also liepliche enpfinge
und imme alle sinne reht beſchehhent, das er denne
gar wol solte farn. Die entwrte ſprach: das wil ich
dir sagen, wer es (22ᵇ) also es ſchinet, so wer es 25
deſte beſſer, so het sich dirre menſche unce an das
ende geſpart; so men denne wennet das er růwe
habbe gehebet umbe sinne súnde, so iſt es alles
ſchrecke und forthe gesin unde leit umbe ire frúnt
und umbe ir gůt, und manniger hande gebreſte den 30
in der dúſel fúrhebbet domitte er si irret das si onne
alle getteliche minne ſterbent; und iſt das sache das
si bi irme lebbende kleinne minne zů gotte hant ge-
hebet, dofan wiſſent si an demme ende nút was
getteliche minne iſt, dofan iſt in ŏch gar unbekant 35
des thúfels bosheit und sine liſtige behendekeit. * Du
solt wiſſen das dirre menſchen fil an demme ende

Schmidt 58.

fúrzwifelt iſt do der bihther und die frúnt nút wondent
er solte gar wol sin gefarn; ich wil dir sagen, es
iſt gar ein serclich dinc das men rûwe an das ende
ſparet, wenne die besen geiſte hant gros werg an
5 eins sollichen menſchen ende. Der menſche ſprach:
ach herceliep mins, ich wolte, wer es din wille, das
alle menſchen woſtent was angeſt und not an eins
fúrloſsen súndengen menſchen ende were. Die ent-
wrte ſprach: du solt wiſsen das fil sellen in diesen
10 serclichen citen ſan hinnan farent in so grose zwere
lidden das si unce an den gungenſten dag nút megent
befinden ebbe si in der hellen odder in dem fegefúr
sint; ich wil dir sagen, dis sint die menſchen die in
also grosen freffeln súnden sint gesin unce nohe an
15 ir ende, wart in denne ein rûwe vor irme ende und
ſtûrbent denne ebbe si die súnde in dirre cit ge-
bûsentent, so fielent si in dise zwere phinne. Ich
wil dir sagen, got der iſt also sere erzúrnet ueber
diese sellen das er ir nút wil gedenken unce an den
20 gungenſten dag; er wil ŏch nút das sinne frúnt die
hie in der cit sint fúr si bittent. Du solt wiſsen das
es gar fil anders iſt denne die lúte wennent, und iſt
faſte des ſchûlt das men der gemeinde der criſtenheite
die rehthe worheit nút gedar blos gesagen also si
25 iſt. Der menſche ſprach: sage mir, herceliep mins,
was iſt der sachen das die lerer der gemeinde die
rehte worheit fúrzwigent? Die entwrte ſprach: das
wil ich dir sagen was der sachen iſt; der sachen
sint fil. Ich wil dir sagen, die erſte sache iſt das
30 es die gemeinde der criſtenheit nút heren noch glŏben
wellent. Die ander sache iſt das die lerer ferthent,
seitent si di worheit blos also si an ir selber werc,
das die gemeinde der criſtenheit noch beser wrdent,
und das selbe das si dûnt das wrdent si ŏch abbe
35 londe und wrdent eins mit dem andern fúrlierende;
und iſt das des ſchûlt das rehther criſtenlicher
ordenunge gar fúrgeſsen iſt. Die dirthe sache iſt,
ſtiget ein lerer uf der ein heiliger man iſt und von
gotte berûret iſt, und wolte der gerne die criſtenheit

warnen und wolte in die rehte worheit sagen, so un-
gedar er for den * andern lerern; und iſt das die
sache das er wol befunden het das die andern lerer,
die liebekeseler, ufstigent und es alles samment (23ᵃ)
umbekerent und es fúrwerfent, so iſt das folc weic 5
und múrwe worden, und folget gerne den lerern die
in die lere noch irren willen sagent. Der menſche
ſprach: ach herceliep mins, wie erbarmet mich dis
so grŭnt uebele! sage mir, herceliep mins, mehthe
men keinnen rot derzŭ getŭn das die criſtenheit 10
ettewas in beſser ordenunge kemme? Die entwrte
ſprach: io, men kemme ir noch wol zŭ helfe, die
lerer sint noch nút gar enweg, men findet noch lerer,
iſt ir ioch lúccel, die sich selber wedder minnent
noch meinnent. Der menſche ſprach: sage mir, herce- 15
liep mins, wie solte denne die criſtenheit dŭn? Die
entwrte ſprach: das wil ich dir sagen, die hŏbet der
criſtenheit, es si geiſliche odder weltliche, die soltent
der gon und soltent allen iren erneſt derzŭ dŭn das
si lŭtent wo si einen lerer fúndent der ein lebbe- 20
meiſter were, der keinen zitlichen gesŭch sŭthe, wo
men solliche lerer fúnde die solte men heisen die
worheit sagen, und solte men ŏch den glŏben und
solte si ŏch nieman widderredden, und solte men nút
den glŏben die sich selber meinnent unde liebekeseler 25
sint und ſprechent si sint wol geleret an der geſchrift,
abber ir lebben iſt fere fan gotte. Ich wil dir sagen,
es dette ŏch gar not das ie die ſtat, dernoch si gros
were, sŭthe lerer die es anme lebbende hettent, die
si wisentent das si widder uffe die rehte criſton ſtrose 30
kement, wenne si sint gar fere uſser wege gegangen.
Der menſche ſprach: sage mir, herceliep mins, ebbe
dir nŭ die criſtenheit wolte folgen, fúnde men denne
wol sollicher gerehther lerer gnŭc das ir an allen
enden in der criſtenheite gnŭc were? Die entwrte 35

* *Schmidt* 59.

9 grŭntuebele*: stärkste Beteuerung, auch* 95, 14. 100, 28.
20 *lies mit* E: lŭgetent.

ſprach: das wil ich dir sagen, wer der criſtenheite
erneſt das die groſen hŏbet sůthent und ŏch die
burger in den ſtetten, und iren erneſt dran leithent
das got befúnde das in erneſt were, got der solte in
5 gnůc zůwisen; du weiſt doch wol das got sinne
* zwelf iungern sante an zwelf ende der welte, also
solte er noch wol důn, sehhe er das der criſtenheite
erneſt were; wer der criſtenheite erneſt, er mahte
nůwe menſchen die der criſtenheite zů helfe kemment.
10 Der menſche ſprach: sage mir, herceliep mins, ebbe
nů dis die criſtenheit gemeinliche nút undůt, und
ebbe ein hŏbet, ein herre odder einne ſtat es súnder-
linge dette, wer das nút gůt, wolteſt du dich nút
ueber die súnderlinge erbarmen? Die entwrte ſprach:
15 das wil ich . dir sagen, wo ein hŏbet, ein herre were
der solliche gelebetc heilige lerer hette und die
imme alles sin lant lerentent und warnentent, do
solt du wiſsen weller herre das dette in einer rehten
gettelichen meinungen, des heren lant und lúte solte
20 deſte sicher sin for alleme uebele zů liebe und zů
selle; und iſt es ŏch das got wrt einne grose ploge
sendende, so geſtúnde des heren lant und lúte (23ʰ)
deſte behůter. Ich wil dir sagen, dis thette diesen
grosen ſtetten ŏch gar not das si ŏch solliche lerer
25 sůthent die si in diesen serclichen citen warnentent,
ebbe got kemme mit sime corne, das si denne ge-
wore getteliche helfe hettent. Der menſche ſprach:
ach hercekliches liepliches liep mins, wer es din
wille das diese redde alle menſchen befúndent, wie
30 wer mir das so gar treſtliche. Die entwrte ſprach:
das wil ich dir sagen; wan men dis den weltwisen
menſchen seit, so hant si es fúr ein geſpette, got
der fúrtreit es also lange also er wil; ich wil dir
sagen, got der růnet diesen weltwisen menſchen fil
35 in, so tribent sis balde von irren hercen; du solt

---

* *Schmidt* 60.

31 wan] was.

wifsen das got fil weltwisen menfchen inrûnet, werent
si imme gehorsam er mahte eddelle gottes frúnde
drus, so lont sis in alles den dúfel widder in schlahen
und wennent nút si megent got sinne welt besorgen
so er si selber nút geziehen kan. Der menfche 5
fprach: ach herceliep mins, wie erbarmet mich so
rehthe uebele das die besen geifte in diesen citen
also gar fil gewaltes hant. Die entwrte fprach: das
wil ich dir sagen, den gewalt den si in diesen serc-
lichen citen hant der ift in worden von der súnde 10
wegen die men in diesen citen tribet; ich wil dir
sagen, wilt du wifsen * was die gudden erthote?
Der menfche fprach: sage mir herceliep mins, det
das nút die criftenheit. Die entwrte fprach: das wil
ich dir sagen, du solt wifsen das es det der criften- 15
heite grit und der gudden heimellîche súnden, die
zwei erfchlûgent die gudden; sage mir, wie dûnket
dich, solte got ŏch in diesen citen die criftenheit
fchlahen umbe ire heimmellichen súnden und ŏch
umbe ire offen boren súnden, er thetthe in diesen 20
serclichen citen niemer anders denne fchlahen, also
ŏch wol in kûrcen citen befchehen mag, es si denne
das sich die criftenheit umbekere und sich befsere.
Der menfche fprach: ach herceliep mins, fchlach uf
dienen corn und erbarme dich ueber die criftenheit. 25
Die entwrte fprach: dûn uf diene ŏgen und sich wie
gar sere und wie gar fil und wie gar diefe die
criftenheit gefallen ift in den pfûl der unkúfchekeĭt
und in den pfûl der gritikeit und in den pfûl der
hoffart und in den pfûl des nides und des hafses. 30
Du solt wifsen das diese súnden got súnderlinge
hafset, und ift das sache das ufser diefen súnden
kûment das meifte deil aller súnden; dirre súnden
sint ŏch also gar fil worden in diesen serclichen
citen, das ir die ftette fŏl sint und die clefter fŏl und 35
pfaffen und leggen; nieman darf es hie den andern
cihen, es darf kein legge fprechen: es ift der pfaffen

* *Schmidt* 61.

ſchůlt; so darf ŏch kein pfaffe ſprechen das es der
leggen ſchůlt ſi; du ſolt wiſſen die ſchůlde iſt ir
bedde geliche, und iſt das ſache das ſi bedden ſitten
lebbent widder rehthe gewore geſatte criſtenliche
5 ordenunge. Du ſolt wiſſen das es gar not dette in
dieſen citen das nút ie eins demme andern die ſchůlde
gebbe, und ieder (24ᵃ) menſche ſolte ſin ſelbes war-
nemmen; und dette das ie der menſche mit eime
rehthen erneſte, er ſolte alſo fil mit imme ſelber zů
10 důnde gewinnen, das er wol ander menſchen fúrgeſe
und nieman keine ſchůlde gebbe denne imme ſelber
alleine. Ich wil dir ſagen, das ie eins demme andern
die ſchůlde git und ie eins ueber das ander wil ſin
und rehthe gewore demůtikeit alſo gar fúrleſſchen
15 iſt, dennefan wrt got uffe etteliche cit fúrhengende
das die criſtenheit irre hende * werdent zůſammene
windende. Der menſche ſprach: ach herceklicher liep-
liches liep mins, wol eine erſchreckenliche gemmer-
liche redde dis iſt, abber herceliep mins, ich froewe
20 mich eins dinges, das du ionas den groſen proffeten
gar digke lieſe zů eime lůgener werden. Die entwrte
ſprach: das wil ich dir ſagen was der ſachen was;
die ſache was, wenne das folc durch ionas gewarnet
wart, ſo det das folc an ſtette gotte alſo groſe
25 beſſerunge mit alſo gar groſer underworfenner demůti-
keit das ſich got můſte ueber ſi erbarmen; abber
ich wil dir ſagen, wie fil die lerer das folc gewarnet
het(en), das het alles nút geholfen; nůn het got ſelber
das folc gewarnet, und hilfet ŏch nút. Ich wil dir
30 ſagen, wie gerne got das folc warnete, ſo důt das
folc in dieſen ſerclichen citen rehthe alſo ebbe got
nůme got ſi, und alſo ebbe got keinen gewalt me
habbe, und wrt das folc von cite zů cite ie beſer
und ie beſer. Der menſche ſprach: ach herceliep
35 mins, ich weis was ich me ſol redden wenne das
mich die criſtenheit gar ſere uebele erbarmet, und
ich begere, herceliep mins, das du dich erbarmeſt

* *Schmidt* 62.

ueber die criftenheit. Die entwrte fprach; was sol
sich got erbarmen odder was sol er beithen? du sift
selber wol das die menfchen die in der criftenheite
wonnent, das der das meifte deil smackent noch dem
fafse. Der menfche fprach: ach herceliep mins, be- 5
wise mich was du hiemitte meinneft das du fpricheft
die menfchen smackent noch demme fafse. Die ent-
wrte fprach: das wil ich dir sagen, lûge selber ebbe
es wor si; ich wil dir sagen was der meinungen ift:
got der gûset die eddelle selle die noch imme selber 10
gebildet ift in das wefte ftinkende fas, den lichomen,
und git demme lichomen lebben das er zû ein
menfchen wrt; so nû denne der menfche derzû kûmet
das er sinne befcheidenheit gewinnet, das er bekennet
was bese und gût ift, dis bekennen und diese be- 15
fcheidenheit het der ftinkende lichome von der eddeln
sellen; du sift selber wol, wenne die eddele selle
ufser demme ftinkenden fafse, dem fûlen lichomen,
kûmet, so sift du wol das in dirre cit nût unwerders
ift denne das ftinkende fas, der fûle * lichome; nû 20
het die selle das von irme addelle das si alles ueber
sich uf siht und rotet alles dem lichomen das er ir
folge; das solte ôch billiche und reht sin das das
minre dem meren solte folgen und gehorsam sin,
und das befser das bêser solte under sich trucken. 25
Dis befchiht gar lúccel und gar wennig in diesen
serclichen gegenwertigen citen, das das ftinkende fas,
der fûle lichome, der eddeln sellen gehorsam si. Ich
wil dir sagen, die eddelle selle wrt alles betwungen
von dem lichomen das si mûs demme fûlen weften 30
ftinkenden fafse gehorsam sin; das ift ôch die sache
das die eddelle selle wrt ftinkende und smackende
noch demme fûlen weften lichomen, und mûs (24ᵇ) die
eddelle selle dis ftinkenden fûlen lichomen eewek-
liche engelthen, und mûs sin ôch der lichome noch 35
demme gungenften dage eewekliche engelten. Nû
han ich dir die meinunge bewiset, das ich fprach das

* *Schmidt* 68.

meifte deil der menfchen die do wandelnt in der
criftenheite fmachkent noch dem fafse; ich fpriche
me das ir gar lúccel und wennig ift in diesen serc-
lichen geggenwertigen citen die das fûle ftinkende
5 fas bindent und twingent und es also sûfer und also
fchenne haltent das das fas noch der eddelen sellen
wrde smackende; so ftúnde es öch wol umbe den
menfchen. Ich wil dir sagen got der het es also ge-
ordent das es von rehthe solte sin das der fûle ftinkende
10 lichome der eddeln sellen solte gehorsam sin unce
in den dot, ebbe der menfche selber wolte mit sime
eigin friggen willen; ich wil dir sagen dis nimmet
gar lúccel menfchen war in diesen serclichen citen.
Der menfche fprach: ach hercekliches liepliches liep
15 mins und grûndelose ewige minne minne, erbarme
dich ueber die criftenheit und gedenke was minnen
und trûwen du der criftenheite geton heft, und ge-
denke öch deran wie bitterliche sûre du die criften-
heit erarnet heft. Die entwrte fprach: du seift wol
20 wor, got der het der criftenheite gar fil gûtes ge-
thon, abber des gûtes das er ir geton het das ift gar
fafte fúrgefsen in der lúte hercen; lûge umbe dich
und nim war wie gar rehte alle gettеliche minne
fúrlesfchen ift, und nim war wie gar alle criftenliche
25 ordenunge zûrgangen sint, * und nim war wie gar
wnderliche freffelliche die criftenheit lebbet in diesen
serclichen citen. Du solt wifsen, die lúte die nû
lebbent die dûnt der gelich also soltent si eewek-
liche in dirre cit wonnen und blibende sin; sage mir,
30 wie sol dis got die lenge fúrtragen? Ich wil dir
sagen, der fatter in der eewikeit der ift gar sere er-
zúrnet ueber die criftenheit; und wil dir sagen was
der sachen ift: die sache ift das die criftenheit sins
súnes gar sere fúrgefsen hant und öch aller rehther
35 geworer criftenlicher ordenunge; ich wil dir sagen,
und befsert sich die criftenheit nút, so fúrsihhe ich
mich das der eewige fatter werde urlop gende der

* *Schmidt* 64.

73

gerehtekeit, das si heifse die barmehercekeit zwigen,
und alle gottes frúnde mit ir unce an die ftûnde das
der eewige fatter sin einbornen sûn gerichtet. Der
menfche fprach: ach hercekliches liepliches liep mins,
ich bin dirre redde und dirre gesihthe also gar kranc 5
und zwach worden, das mir rehthe ift ich selle an
ftette fúrgon; ach herceliep mins, wer das din wille,
das liese ich ŏch gar gût sin. Die entwrte fprach:
nein es ift noch nút cit, du mûft noch lenger in der
cit sin und mûft noch fúrbas sehhen und heren. Der 10
menfche fprach: ach herceliep mins, din wille werde
follebrot an mir armen súnder in cit und in eewikeit.

Diese redde het hie ende, und das wir nû wellent
redden, das ift wie diesen menfchen wart gelosen
sehhen ein grûwelliche groser witer hoher berg, und 15
was an dem berge nûne grose grûwelliche wite felse,
und logent die felse ie einer obbe dem andern unce
obbenan uffe den berg, und wandelnt uffe diesen
felsen criftonmenfchen. Nû hebbet hie an von dem
erften felse zû reddende; es mag ŏch nieman zû gotte 20
kûmen er habbe denne eine wonunge uffe dieseme
erften felse; wer abber hie in der cit dernoch wolte
werben das er in der cit wrde gelosen sehhen in den
urfprunc dennan die eddelle selle kûmen ift, der mûfte
gar ein fúrwegen kûne gemûte han, und mûfte 25
klimmen ueber diese grosen hohen felse alle unce
das er keme * uffe den ebberften, (25ᵃ) den hŏhenften
fels, do solte er denne wol bewiset werden wo er
hin solte; dis wer ein eddeler menfche der sich wolte
wogen uffe diesen felsehten hohen berg, der gesiggete 30
hie in der cit allen sinnen figgvnden an und wrde
denne ein groser helge in demme eewigen lebbende.

---

* *Schmidt* 65.

12 follebrot = follebroht.   13—32 *rot.*   19 hebbȇt,
vielleicht hebbȇt, *vgl.* 27 *und S.* 74, 4. 7.   27 *das zweite* den
unsicher, da im Seitenbeginn abgeblichen; es könnte auch vnd
gelesen werden.

Die entwrte ſprach: ich wil dir sagen, wir sellent
dirre redde und dirre gesihthe ende geben; du solt
wiſsen, soltheſt du dis keinne wille fúrbas gesehhen
und gehĕrret haben, diene menſliche nattŭre wer zŭ
5 kranc worden und si mehthe sin nút lenger erlitthen
habben; ich wil dir sagen, du wrſt nŭn sehen und
hĕren das du gerne wrſt sehhende und hĕrende werden.
Der menſche ſprach: ach herceliep mins, dinen willen
den follebring an mir armen súnder noch dinnen
10 eren und nút noch minnen willen. Die entwrte
ſprach: so dŭn uf diene inren ŏgen und sich umbe
dich und sich an wo du nŭ biſt. Der menſche was
gehorsam und sach umbe sich und ſprach: ach herce-
liep mins, ich sihhe das du mich widder gefŭret
15 heſt an die erſte ſtat do ich ŏch for bin gesin,
undenan an den hohen grosen berg, abber was du
do mithe meinneſt das unweis ich nút, ich begere
an dich, herceliep mins, das du mich bewiseſt was
dinner meinungen si. Die entwrte ſprach: so dŭn
20 uf diene ŏgen und sich ueber dich. Der menſche
was gehorsam und sach ueber sich, und siht abber
das die eddeln sellen obbenan herabbe zŭ dal fallent,
und fan den eddeln sellen ginc ein also gar ſchenner
liether glanc das dirre menſche kŭme erlidden mehthe
25 irre annegesihthe. Der menſche ſprach: sage mir,
herceliep mins, iſt ein selle, so si noch denne iſt
in irme urſprunge, annezŭsehhende also du mich si
hie heſt gelosen sehhen in diesen ſchennen glencenden
bilden? Die entwrte ſprach: das wil ich dir sagen,
30 du solt wiſsen und liese dich got eine selle sehhen
also si in irme urſprunge wonende iſt und also si
noch gotte gebilthet iſt, diene menſliche nattŭre mehte
sin nút erlidden, si wer zŭ kranc derzŭ; und du solt
wiſsen, du mehtheſt * sin ŏch mit aller dinner sinne-
35 licher fúrnúmft nút begriffen was es were; ich wil

------

* *Schmidt* 66.

17 do *vor* mithe *doch wohl nur ausgefallen.*

dir sagen, got der het dich diese eddeln sellen ge-
losen sehhen in bilden das du es geworthen mĕgeſt,
in der meinungen das du derfan geſchribben mĕgeſt;
ich wil dir sagen me, alles das du for gesehhen heſt
in bilden und alles das du noch sehhende wrſt in 5
bilden, das dŭt got alles in der meinungen das du
es zŭ worthen bringen mĕgeſt, in der meinungen das
du derfan geſchribben kŭnneſt der criſtenheit zŭ helfe
und zŭ einer warnenden lerre. Der menſche ſprach:
ach herceliep mins, ich wil dir gerne gehorsam sin 10
unce in minnen dot. Die entwrte ſprach: so dŭn uf
diene ŏgen und sich ueber dich uf. Der menſche
was gehorsam und sach ueber sich uf und sach das
der berg also gar grŭweliche hohe was, das in
dŭthe der berg ginge ŏbenan unce an den himmel, 15
und was ŏch der berg also gar grŭwelliche wit
und gros das der menſche kein (25ᵇ) ende des
berges gesehhen mehthe, und was den berg uf ie
ein fels obbe dem andern unce obbenan uffe den
berg, und worent diese felse also gar grŭweliche 20
wit und gros annezŭsehhende das dirre menſche gros
wnder drabe nam. Der menſche ſprach: sage mir,
herceliep mins, mich het gros wnder was der mei-
nungen si das du mich zŭ zweigen mollen heſt ge-
losen sehhen diesen grosen wnderlichen hohen withen 25
berg mit so grŭwellichen withen grosen felsen. Die
entwrte ſprach: so dŭn uf diene ŏgen, du solt
selber sehhen was an dieseme berge iſt und was
menſchen uffe diesen felsen wonnende sint. Der
menſche ſprach: ach herceliep mins, din wille sol 30
follebroht werden.

In diesen selben worthen wart dirre menſche ge-
nŭmmen und wart gefŭret uſser demme dal und wart
ufgefŭret uffe den aller nehhenſten erſten nidderſten
fels, und was doch dirre fels also gar hohe obbe 35
der erden das dirre menſche sach ueber alles ertriche
und ueber die welt mittenander. Dirre menſche sach
diesen fels abbe und sach das ueber alle die welt
mittenander ein garn gezogen was, onne alleine ueber

diesen grosen withen * hohen berg, der was liddig.
Abbe dirre gesihthe nam dirre menſche gros wnder
und grosen ſchrecken, und ſprach: ach herceliep
minnes, sage mir wedder iſt mir reht odder unrehthe,
5 wenne mir iſt rehthe also wer ueber alle die welt
ein garn gezogen onne alleine ueber diesen berg,
der iſt nút drúnder. Die entwrte ſprach: das wil
ich dir sagen, du solt wiſsen das du rehthe heſt
gesehhen, abber du solt wiſsen, got der het dich dis
10 gelosen sehhen in eime sollichen bilde das du es
erlidden maht; du solt wiſsen, und solthe dich got
han gelosen sehhen wie gar grûwelliche swerliche
die welt gefangen iſt in irren súnden, du solt wiſsen
diene menſliche natture mehthe sin nút erlitthen han.
15 Der menſche ſprach: ach herceliep mins, ich wonde
nút du hettheſt mich gelosen sehhen der criſtenheite
súnde. Die entwrte ſprach: das iſt wol wor, got der
het dich gelosen befinden das meiſte deil der criſten-
heithe súnde, abber wie zwerliche die criſtenheit ge-
20 fangen iſt umbe irre súnde und wie zwere die marthel
und die phinne wrt sinde die si lidden mûs umbe
irre súnde, das het dich got noch nút gelosen sehhen,
und iſt das sache das got wol bekennet das dinne
menſliche nattûre zû kranc iſt das sis nút erlidden
25 mehthe. Der menſche ſprach: sage mir herceliep
mins, was iſt der sachen das dirre grose hohe berg
súnderlinge usgenommen iſt, das er nút öch under
demme garne gefangen iſt? Die entwrte ſprach: das
wil ich dir sagen, die sache iſt das die menſchen
30 die an dieseme berge wonnende sint, das die alle
lebbent in der forthe gottes und onne alle dotsúnden.
Der menſche ſprach: ach herce liep mins, diese redde
und diese gesihthe het mir rehthe súnderlinge einne
grose kraft gebben. Die entwrte ſprach: sage mir
35 wie (26ª) gemeinneſt du dis? Der menſche ſprach:
ach herceliep mins, was sol ich dir sagen? ich weis
doch wol das du alle meinungen wol bekenneſt;

* *Schmidt* 67.

abber doch wil ich dir sagen minne meinunge ist
das ich mich froewe von grûnde mins hercen das
men noch menſchen findet in der criſtenheithe die in
der forthe gottes lebbent und onne alle dotsúnden
lebbent. * Die entwrte ſprach: lûge umbe dich und 5
ſchecce wie fil dirre menſchen mege sin die uffe
dieseme erſten grosen felse wonnende sint, widder
den menſchen die do gefangen liggent under demme
garne, die menſchen alleine die criſtenon nammen
hant. Der menſche ſprach: ach herceliep mins, es 10
iſt zû fil, ich kan es nút geſcheccen fúr keinne wor-
heit. Die entwrte ſprach: so ſchecce es noch gedúnke.
Der menſche sach umbe sich uffe den felse und
ſcheccete die menſchen die uffe demme felse wonde
sint, und sach do hinabbe under das garn, und 15
ſcheccethe die menſchen dergegene und ſprach do:
ach herceliep mins, ich bin úrſchrocken abbe dieseme
ſcheccende. Die entwrte ſprach: was iſt der sachen
das du erſchrocken biſt? Der menſche ſprach: ach
herceliep mins, solte ich nút erſchrocken sin? ich 20
han geſcheccet noch mime bekennende und dûnked
mich, wo ein menſche uffe dieseme felse wonende si,
das hûndert menſchen under demme garne dergegene
gefangen in iren súnden liggent, die alle derzû
criſtonnammen hant. Die entwrte ſprach: du solt 25
wiſsen das du rehthe gesehhen heſt, und ŏch rehthe
geſchecceſt heſt, du solt ŏch wiſsen das es e me
denne minre iſt. Der menſche ſprach: ach herceliep
mins, welle einne erſchreckenliche redde dis iſt; sage
mir herceliep mins, iſt abber noch nút gar fil menſchen 30
uffe diesen grosen hohen felsen die hie obbe uns
liggent diesen grosen berg uf? Die entwrte ſprach:
das wil ich dir sagen, du solt wiſsen das uffe dieseme
erſten underſten felse me menſchen wonnende sint
denne uffe allen den ander grosen withen felsen die 35

* _Schmidt_ 68.

14 die menschen _steht zweimal._   29 wolle.   30 nit
noch gar _G_; noch _fehlt K_; nút _fehlt S._

hie obbe uns liggent. Der menſche ſprach: sage mir
herceliep mins, was menſchen sint diese menſchen
odder was lebbendes hant diese menſchen die hie
wonnede sint uffe dieseme allererſten underſten felse.
5 Die entwrte ſprach: das wil ich dir sagen; du solt
wiſsen das es leewe tregge kalte menſchen sint und
wellent ôch nût groser ûbungen habben, und hant
willen das sú sich hûthen wellent for thotsúnden
und dûnked si das si also wellent úrſterben in eime
10 sollichen einfeltigen lebbende, und si meinnent si
bekennent nût beſsers. Der menſche * ſprach: ach
herceliep mins, nim ſan in fúr gût, ich getrûwe das
si kein beſsers bekennent. Die entwrte ſprach: du
solt wiſsen das es noch gar krencliche und gar
15 sercliche umbe diese menſchen ſtot, und iſt das sache
das si noch gar nohe bi demme garne wonnende sint.
Der menſche ſprach: sage mir, herceliep mins, sint
diese menſchen nút menſchen die behalten súllent
werden? Die entwrte ſprach: das wil ich dir sagen,
20 ich ſpriche io, si sellent behalten werden, blibent si
eht ſtette onne dotsúnde uffe dieseme felse (26ᵇ)
unce an iren dot; abber ich wil dir sagen, es ſtot
noch gar fere serclicher umbe diese menſchen denne
si selber wennent, und iſt das sachhe das si wennent
25 der nattûren und gotte mittenander lebben, das gar
sercliche iſt und gar kûme geſton mag; ich wil dir
sagen abber, welre menſche blibet wonnende uffe
dieseme felse und nút widder under das garn lôfet,
ſtirbet er uffe dieseme felse so wrt er behalten, abber
30 er mûs in also gros zwere feggefúr das unſprechlich
iſt und mûs do inne also gros angeſt und not lidden
und mûs also gros unmeſsig unsegelich lidden habben,
also lange also es die ordenunge gottes geordent het
unce an die ſtûnde das er die allerminſte súnde
35 usgelidet die er ie follebrothe in der cit; so er denne

* _Schmidt_ 69.

28 gar.

dis alles mit groseme swerme liddende usgeliddet, so
fert er denne erſt zů himmele, und so er denne zů
himmele kůmet, so het er gar kleinnen eewigen lon
for gotte widder andern menſchen, und iſt das sache
das er kleinne erbeit und kleinne minne zů gotte het 5
gehebet in dirre cit.

Dirre menſche sach uffe dieseme selben felse das
ein deil menſchen von diesen menſchen gar geswinde
den fels wrdent abbe geſtosen, und fielent also gar
geswinde under das garn das dirre menſche in eine 10
grose erbermede fil und hette in ŏch gros wnder was
es meinde, und ſprach: sage mir, herceliep mins, was
dirre meinungen si das men dirre menſchen ein deil
nimmet abbe dieseme felse und si wrſet also gar
geswinde under das garn. Die entwrte ſprach: das 15
wil ich dir sagen, die sache iſt das diese menſchen
in dotsúnden sint gefallen; du solt * wiſsen, welle
menſchen in dotsúnden fallent, die mag dirre fels
nút erlidden.

In dirre selben gesihthe do dirre menſche alsv̊s 20
sehende was den fels abbe under das garn, do siht
er das an fil enden des garnes menſchen herfúr
ſchlůffent, und worent die menſchen also zwarc gel
anne zů sehhende, rehthe also ebbe si dot werent
gesin und lange zit under der erden werent gelegen; 25
abbe diesen dingen nam abber dirre menſche gros
wnder was es were, und ſprach: sage mir, herceliep
mins, was meinnet diese gesihthe odder was menſchen
sint diese menſchen? Die entwrte ſprach: das wil
ich dir sagen; es sint menſchen die der bese geiſt 30
under demme garne gefangen hette in dotsúnden, und
iſt diesen selben menſchen ein růwe under demme
garne worden umbe alle ire súnde; du solt wiſsen,
also ſchirre also dirre menſchen eime ein ganc růwe
wrt, so het der bese geiſt keinnen gewalt me ueber 35
in und mûs in an ſtette uſser demme garne losen.
Der menſche ſprach: sage mir, herceliep mins, was

* *Schmidt* 70.

meinnet es denne das si also gar dotfar sint anne-
zůsehhende widder den menſchen die uffe dieseme
felſe wonnende sint? Die entwrte ſprach: das wil
ich dir sagen, die sache iſt das diese menſchen den
5 růwen noch nút follebroht hant mit der bihthe; ich
wil dir sagen, wenne es beſchiht das diese menſchen
die bihthe zů demme růwen gedůnt, so werdent si
an ſtette zů (27ª) diesen menſchen uffe diesen fels
gesat und werdent denne rehthe annezůsehhende
10 also diese menſchen die uffe dieseme erſten felſe
wonnende sint.

Dirre menſche sach abber fúrbas uffe dieseme
selben felſe und sach das gar fil gůnger lúccelliger
blůgender menſchen, mannes namme und wibes
15 namme, pfaffen und leggen, můnche und nůnnen, hie
was nieman uſse, hie was aller der hạnde menſchen
so er in der criſtenheithe erdenken kůnde, dirre
gůngen * blůgenden lúccelligen menſchen was gar fil
und liefent alle mitthenander zů einen mole under
20 das garn. Abbe dirre gesihthe nam abber dirre
menſche gros wnder, und erbarmenthent in ŏch diese
gůngen menſchen zů grůnde sins hercen und ſprach:
ach herceliep mins, sage mir was dirre meinungen
si das diese gůngen lúccelligen blůgenden menſchen
25 alle mittenander also gar geswinde sint gelŏffen
under das garn. Die entwrte ſprach: das wil ich
dir sagen, du solt wiſsen das nů erſt rehte anne
fohet das du wrſt ermannet der gelichniſse der fiſſche
die von irme urſprunge die hohen felſe herabbe zů
30 dal fillent und dernoch durch das mer dirre welthe
liefent, und ir also fil do zwiſsent under wegen mit
ſtricken gefangen wrdent; du solt wiſsen, do dich

---

* Schmidt 71.

13f. bliegender lůtseliger G; lútseliger K und Gr. Memorial.
— Vgl. mhd. lützelic 'zierlich, anmutig , auch im Zweimannen-
buch ed. Lauchert 9, 4. 12, 18; Lexer 1, 1999 richtig gegen 1, 1945.
Auch Schmidt in seiner Ausgabe S. 70* irrte. 16 uſse ge-
numen E, nicht aber im Gr. Memorial.

got lies sehhen diese gelichnifse dirre fisfche, do
meinde got diese gůngen menfchen die du hie heft
gesehhen also swinde illen und lőfen under das garn.
Der menfche fprach: sage mir, herceliep mins, was
menfchen sint diese gůngen menfchen die also gar 5
sere geillet hant wie si under das garn kemment?
Die entwrte fprach: das wil ich dir sagen, du solt
wifsen das es alle die gůngen menfchen sint die also
wit also die criftenheit wonnende sint und die erft
zů iren dagen kůmen sint; du solt wifsen das sich 10
diese gůngen menfchen solthent hinuf rihthen und
keren zů irme urfprunge do si őch us kůmen sint;
so wil ich dir sagen, so důnt si rehthe also diese
dorehthen fisfche und fallent ir selbes nattůre noch
und fallent mit irme eigin willen under das garn 15
dirre falfchen welthe das die besen geifte fől ftricke
geleit hant; du solt wifsen das die besen geifte alles
ir fúrmůgen derzů důnt wie si diese menfchen be-
hebent mit der welte ftricke das si eht wonnende
blibent under demme garne dirre falfchen welthe; 20
lůge umbe dich und sich an, wer mag diesen serc-
lichen ftricken allen entrinnen, also gar fil ir worden
ift in diesen serclichhen cithen. Der menfche fprach:
ach herceliep mins, es ift wol wor, mir ift es si gar
ein serclich dinc eime menfchen zů wandelde under 25
diesen falfchen serclichen ftricken; mir ift, herceliep
mins, also es nů * ftot in der criftenheite, sol ein
menfche diesen serclichen ftricken allen untrinnen,
er můse sich mit eime gancen fúrwegen kůnen ge-
můthe und willen derfan alzůmole keren. Die ent- 30
wrte fprach: du solt wifsen das do die worheit het
durch dich geret, (27ᵇ) unde du solt őch wifsen das
es gar not were das es fil menfchen annesehhe in
diesen serclichen citen; lůge umbe dich und sich an
wie sich diese gůngen menfchen selber fohent, und 35
sich an, ie lenger und ie ferer si under das garn
gont, ie me si in ftricke fallent und ie serclicher es

* *Schmidt* 72.

umbe si wrt ſtonde; und du solt wiſsen, sellent si
iemer uſser demme garne entrinnen, ie ferer si denne
under das garn sint gelöfen ie sůrer es in můs
werden ebbe si iemer uſser demme garne kůment;
5 und iſt das sache, ie ferer und ie lenger si löfent,
ie me und ie me si in ſtricke dirre falſchen welte
fallent do mitthe si gefangen und behebet werdent,
das si nůt uſser demme garne kůmen megent. Der
menſche ſprach: ach herceliep mins, mich het wnder
10 an den menſchen die in diesen citen lebbent, das
die also rehthe dorehte sint das si diese zůrgenclichen
citlichen dinge also sere minnent widder den eewigen
dingen. Die entwrte ſprach: das wil ich dir sagen,
si důnt rehthe also unfúrſtandene fihhe, was den
15 geggenwertig iſt das minnen si öch; důn uf diene
ögen und sich fúrbas. Der menſche was gehorsam und
siht fúrbas alles uffe dieseme erſten felse, und siht
das eine gar gůnge doeder, die ſchein annezůsehhende
also ebbe si kůme uffe irre fierzehn ior alt were,
20 diese gůnge doeder fůrthe gebůnden an eime seille
gar einen erberen geiſlichen man, und noch demme
geiſlichen man ginc ein erber weltlich man öch ge-
bůnden an demme selben seille, und dernoch zwo
froewennamme öch gebůnden an demme selben seille;
25 und ginc diese gunge doeder den fels for abbe und
zoch den erbern geiſlichen man ir noch, und dernoch
den weltlichen man und die zwo froewen alle mitten-
ander under das garn. Abbe dirre gesihthe nam
abber dirre menſche gros * wnder und ſprach: sage
30 mir, herceliep mins, was iſt dirre meinungen das eine
also gar gůnge doeder fůret gebůnden an eime seille
also gar erbere menſchen und zůhet si den fels abbe
ir noch under das garn? Die entwrte ſprach: das
wil ich dir sagen, dirre weltliche man und dirre
35 froewen nammen einne sint zwei elúte lange ior

---

* *Schmidt* 73.

18 doeder = tohter *s. Schriften aus der Gottesfreund-Literatur* 2, XV. 19 fierzeh.

gesin und hant gelebbet in der forthe gottes und
hant sich gehůthet for dotsúnden; nů het in got kint
fúrlůhen, und ift dise doeder ir elteſte kint, und ift
dise doeder zů irren dagen kůmen und het diese
doeder under sich under das garn gesehhen und het 5
gesehhen under demme garne der welte úpige zůrgenc-
liche falfche frĕde, und diese gůnge doeder ift rehte
dran gefallen und wil rehte ŏch denselben weg und
ſprichet zů fatter und zů můter, si sie einne gůnge
doeder, si hette ŏch gerne also ander doeder hant 10
die in irre mosen sint; nů wil ich dir sagen, diese
zwei elúte fatter und můter solthent diese doeder
han gezogen von eime kinde uf das es kůnde sin
gangen diesen berg uf geggen simme urſprunge, des
hant si nút gethon und sint nů gangen zů irme 15
bihther und wolthent irre doeder gerne willen und
hant demme bihther die sache fúrgeleit; (28ª) ich
wil dir sagen, was si den bihther hant gefreget, das
het er in alles samment erlŏbet und het das gethon
in der meinungen das er der richen lúthe frúnfchaft 20
gerne wolthe beheben, und het gefprochen es si in
diesen citen sitte und ir fordern hant es ŏch gethon,
und der es nút undetthe, irre doeder mehthe in einen
ſchadden fallen der fere greser were; dirre bihther
het diese zwei elúthe geleret das hoffart wol gefton 25
mag, und weis er selber wol das lúccefar und alle
sinne geſellefchaft von hoffarte wegen fúrtribben
und herabbe geftosen wrdent; ich wil dir sagen das
dirre bihther diese menfchen den unrehthen weg het
geleret gon, das ift ŏch sache das diese gůnge doeder 30
den bihther foran fůret, und dernoch fatter und můther
und dernoch irre gůnfroewe, und fůret si alle mitten-
ander under das garn. Der menfche ſprach: sage
mir, herceliep mins, wofan het es fatter und můther
fúrfchůldet, so es in ir bihther úrlŏbet het? * Die 35

---

* *Schmidt* 74.

23 entåte *GS;* tete *K.*

entwrte fprach: das wil ich dir sagen; fatter und
mûther sint des urlŏbendes fro gesin, und seit in
doch ir selbes befcheidenheit das es nút wol mit
gotte gefton mag und das es nút der rehthe criften-
5 liche weg si, dis weis der bihther ŏch wol und be-
kennet wol das alle hoffart got hafset, es si nûwe
sitte odder alt sitte, und bekennet ŏch wol das es
nút der rehthe weg ift der do get zû der ewigen
worheit; dirre bihther het diese menfchen den un-
10 rehthen weg gelosen gon in der meinungen das er
dirre richen menfchen frúnfchaft gerne wolthe be-
heben. Der menfche fprach: ach herceliep mins,
dis ift ein erfchreckenlich dinc das ein bihther ein
lerer folliche dinc dût. Die entwrte fprach: du folt
15 wifsen das diese dinc in diesen serclichen citen nút
fremmede sint; ich wil dir sagen, du folt wifsen,
foltheft du keinne lenge uffe dieseme felse bliben,
du wrdeft dirre dinge noch gar fil sehhende werden.
Der menfche fprach: sage mir, herceliep mins, was
20 ift der sachen das die gûnfroewe die nûwent der
elúthe dieneft was ŏch under das garn wart gefúret?
Die entwrte fprach: das wil ich dir sagen, die gûn-
froewe ginc der und riet irren froewen das si irre
doeder solte ciehen zû der welthe úppiger falfcher
25 hoffertiger fúrlosenheite. Nû han ich dich befcheiden
was diese gesihte meinnet das eine gûnge doeder
fúret an eimme seille einen bihther und dernoch
fatter und mûther und dernoch irre gûnfroewe, und
alle mittenander fielent under das garn. Der menfche
30 fprach: ach herceliep mins, wie sint die dinc so gar
anders denne die menfchen wennent und ŏch gewiset
und geleret werdent. Die entwrte fprach: men wiset
si und leret si gnûc, abber die bihther erlŏbent in
zû fil; ich wil dir sagen, du folt gehorsam sin, du
35 mûft an das ende dis felses. Der menfche fprach:
herceliep mins, gerne.

In demme selben worthe wart dirre menfche ge-
fúret an das ende dis felses; do sach dirre menfche
umbe sich und sach den fels abbe und sach (28ᵇ)

das in důthe er were an eime ende der welthe. Der
menſche ſprach: sage mir, herceliep mins, wedder
* iſt mir reht odder unrehthe, mir iſt rehthe also
were wir an eime ende der welthe. Die entwrte
ſprach: dir iſt rehthe und iſt ŏch wor, du ſiſt hie 5
ein ende der welte, nů sich umbe dich und sich
nebbent dich us. Dirre menſche was gehorsam und
sach umbe sich. In dirre selben gesihthe do ſchre
dirre menſche einen gar gemmerlichen ſchre. Die
entwrte ſprach: was iſt dir ſchriggende? Der menſche 10
ſprach: ach herckliches liepliches liep mins, kům
mir zů helfe, ich mag sin anders nút onne dinne
helfe erlidden. Die entwrte ſprach: sage mir, was
iſt dir denne? Der menſche ſprach: ach herceliep
mins, do sihhe ich an dieseme ende dirre welte ein 15
so gar gros grůwellich erſchreckenlich ſertlich wnder,
das mir nút uniſt min herce in mime libbe welle
mir zůrſpringen von angeſt und fon forthe die in
mir iſt; liebes einigest herceliep mins, kům mir zů
helfe, ich ferthe anders das ich fúrzage, ich mag es 20
keine lenge erlidden onne dinne helfe. Die entwrte
ſprach: wie kůmet dis das du also gar fúrzaget biſt?
sage mir, was iſt dir odder was heſt du gesehhen
abbe demme du also gar sere erſchrocken biſt? Der
menſche ſprach: ach herceliep mins, solte ich nút 25
erſchrocken sin? du weiſt doch wol das du mich
heſt gelosen sehhen an dieseme ende dirre welte ein
so gar gros grůwelich fertlich bilde, und iſt das bilde
anne zů sehhende also gar fertliche und also gar
grůwelliche und also gar grúsenliche und also gar 30
wnderliche gros annezůsehhende also ein groser hoher
berg, und het das grůwelliche grose fertliche bilde
eine gar grose ketthin umbe sich gebůnden und iſt
die grose ketthin ŏch an das garn gebůnden, und
iſt anzůsehhende das dis fertliche bilde also fil krefthe 35

---

* *Schmidt* 75.

9 sche.

habbe und also ſtarc ſi, wenne du nút mit dinner
gründelosen erbermede die welte behütheſt, so iſt
dis fertliche grůwelliche bilde also gar gros und
also ſtarc annezůsehhende das es wol craft und maht
5 hette alle die welt under zů ziehende und zů fúr-
derbende. Die entwrte ſprach: sage mir, biſt du abbe
dirre gesihthe also gar sere uebele erſchrocken?
sage mir, gehert dis eime gotminnende menſchen zů,
* das er also gar umbe kleine dinc also gar uebele
10 sich geheben sol? sage mir, und dünked dich dis
eine also gar grůweliche fertliche gesihthe? Ich wil
dir sagen, du solt wiſsen das dich got het gelosen
sehhen diese gesihthe in eime bilde, in der meinungen
das du derfan geſchribben mëgeſt; du solt wiſsen,
15 und solte dich got han gelosen sehhen diese dinc
in der geſtalt also si in der rehthen worheithe sint,
so solt du in der rehthen worheithe wiſsen, und
hetthe denne din herce důsent hercen craft gehebet,
es wer an ſtette zůrſprůngen, die craft gottes hette
20 es denne ufvnthalthen. Der menſche ſprach: ach
herceliep mins, ich kan mit allen minnen sinnen nút
begriffen wie es grůwelicher und fertlicher (29ᵃ)
solte gesin, und das du ſpricheſt es si noch fere er-
ſchreckenlicher und fertlicher, das het mich wnder;
25 ach herceliep mins, sage mir was es iſt. Die entwrte
ſprach: das wil ich dir sagen, das bilde das du ge-
sehhen heſt das iſt der grose bëse geiſt lúccefar,
und wil dir sagen, die grose ketthin die umbe lúcce-
fer gebúnden iſt, do solt du wiſsen das er domitte
30 wol maht hette alle die welt mittenander under zů
zihhende, liesent in ein deil menſchen die noch
wonnende sint in der cit; abber ich wil dir sagen,
du solt wiſsen fúr die rehthe worheit das der selben
menſchen gar zůmöle lúccel und wennig worden iſt.
35 Der menſche ſprach: liebes herceliep mins, siſt ge-
danked und gelobet, das men noch solliche menſchen
in der cit findet die die criſtenheit ufvnthalthent;

---

* *Schmidt* 76.

ach herckliches liepliches liep mins, sage mir, mag
ich nút befinden wo diese menschen wonnende sint
uffe den die welt in diesen cithen blibet ftonde?
Die entwrte fprach: du solt wifsen, du mûft si noch
selber sehhende werden, und wil dir sagen, dirre 5
menfchen wonunge ift uffe demme aller hohenften
felse obbenan uffe dieseme hohen berge. Der menfche
fprach: sage mir, herceliep mins, het der bese geift
noch grosen gewalt v̊ber diese menfchen die hie
wonnende sint uffe dieseme underften erften felse? 10
Die entwrte fprach: das wil ich dir sagen, du solt
wifsen das der bese geift keinnen gewalt het v̊ber
diese menfchen * ebbe si selber wellent und ŏch
onne dotsúnden blibent wonnende uffe dieseme erften
underften felse; abber ich wil dir sagen, alle diese 15
menfchen die hie wonnende sint uffe dieseme felse,
zů diesen menfchen het der bese geift noch ein gůt
getrů̈wen and grose zůfersiht, und ift das sache das
der bese geift gar wol bekennede ift das diese
menfchen noch gar fil bekúmbert sint mit weltlichen 20
sachen und mit mannigfaltigen unnúccen gedenken,
und sint besorget wie sie ere und gemach dirre welte
gewinnent und hůthent sich doch for dotsúnden; ich
wil dir sagen, wie das ift das sich diese menfchen
hůthent for dotsúnden, so ift doch ir lebben gar 25
sercliche, und ift das sache das si alle ire werben
und iren wandel noch gar nohe hant bi demme
garne und het der bese geift noch grose zůfúrsiht
das si imme under das garn werdent. Der menfche
fprach: sage mir, herceliep mins, was ift der sachen 30
das diese menfchen nút fúrbas ufgont geggen irme
urfprunge? Die entwrte fprach: das wil ich dir
sagen, diese menfchen hant in den besen geift einen
angel gelosen in ire nattûre werfen, domitte er si
hebbet und gefangen het das si nút fúrbas ufgont 35
uffe die nehhere ftrose die get zů irme urfprunge.
Der menfche fprach: sage mir, herceliep mins, was

---

* *Schmidt* 77.

angels ist dis domitte der bese geist diese menschen
behebet und fuhet, odder was ist dirre menschen
lebben odder was menschen sint diese (29ᵇ) menschen
die hie wonnende sint uffe dieseme ersten underisten
5 felse? Die entwrte sprach: das wil ich dir sagen,
es sint alle die menschen die in der cristenheithe
sint die do also dorehthe sint das si wennent das
men gotte und der natturen megge mittenander ge-
leben, das doch gar sercliche ist, und diese selben
10 menschen hant öch in iren willen gesat das si erbere
bidderwe einfeltige menschen wellent sin und meinnent
si wellent sich huthen for dotsúnden, in der meinungen
das si nut in die helle farent; und diese menschen
dunked in irme gemúte das in got holt si, und ist
15 das sache das si sich selber hant fúr erbere bidderwe
menschen; diesen menschen gefellet ir selbes wise
und ir selbes lebben also wol das * si keinnen
gommer wellent habben wie si zu eime nohhern
lebbende kemment, und meinnent si wellent sich
20 huthen for dotsúnden und wellent in dieseme lebbende
ersterben; und wer diesen menschen seit fan irme
lebbende das es sercliche ist, und si gerne fúrbas
wisethe zu eime nehbern lebbende, demme folgent
si nut und folgent demme besen geiste, der behebet
25 si mit demme angelle ir selbes eigin natture der si
öch selber lebben wellent. Du solt wissen, das diese
menschen lebbent usser ir selbes wolgefallenden eigin
gutdunkenden willen, und hant ir lebben userkösen
fúr ein sicher lebben, das doch gar unsicher ist und
30 zumole sercliche ist; und ist das sache das si demme
garne gar nohe sint und alle ire wonunge noch nohe
bi demme garne hant. Du solt wissen, der bese
geist nimmet wol fúr gut von diesen menschen die
wille si nut fúrbas freggent und öch nut fúrbas
35 lebbent; ich wil dir sagen, der bese geist bekennet
wol das diese menschen keinnen rehthen gettelichen
ernest hant noch keinne rehthe getteliche minne, und

---

* *Schmidt* 78.

hant öch keinen rehthen gommer wie si fúrbas
ufkemment noher zů irme urfprunge. Ich wil dir
sagen, der bese geift lot diese menfchen in irre
nattûren und in iren eigin selbes wolgefallende gůt-
dûnkenden willen; abber ich wil dir sagen, der bese 5
geift het noch gar grose zůfúrsiht zů diesen menfchen.
Nů der, nů habbe ich dir bewiset was menfchen diese
menfchen sint die hie wonnende sint uffe dieseme
erften underften felse, und han dir öch bewiset wie
ir wonunge und ir lebben ift. Der menfche fprach: 10
ach herceliep mins, ich bin abbe dirre redde er-
fchrocken; sage mir, herceliep mins, farent diese
menfchen nút zů himmelle so si úrfterbent? Die
entwrte fprach: das wil ich dir sagen; du solt wifsen,
welle menfchen blibent wonnende uffe dieseme felse 15
und nút mit dotsúnden widder under das garn löfent,
welle menfchen denne geftont (30ᵃ) und blibent
wonnende uffe dieseme felse und hûffe erfterbent, die
farent zů himmelle so es cit wrt; ich wil dir sagen,
ebbe diese menfchen zů gotte kûment, so mûsent si 20
e gros grûwellich unfpreclich fegefúr lidden, also
lange also es * die ordenunge gottes geordent het
und also lange unce an die ftûnde das si alles das
usgeliddent das si ie mit lúfte widder got in irre
natturen geûbenthent. Der menfche fprach: ach 25
herceliep mins, mich het wnder das diese menfchen
ufser demme garne untrûnnen sint und die rehthe
ftrose for in lit und das si nút freggent wo si
fúrbas uf sellent gon. Die entwrte fprach: sage
mir, wen woltheft du das diese menfchen fregen- 30
thent? Der menfche fprach: herceliep mins, der
menfche der do irre get und gerne den nohhenften
weg were, der mûs iemer freggen die menfchen
den der rehthe weg kûnt ift; liebes herceliep mins,
ich wolte das diese menfchen freggenthent die 35
menfchen die si bekanthent die irre nattûren und
dirre falfchen welte nûme lebbent und dir alleine,

---

* *Schmidt* 79.

einigeſt herceliep mins, wellent lebben. Die entwrte
ſprach: das wil ich dir sagen, du siſt doch selber
wol, so men si wil ein andern weg wisen abbe irre
nattûren, das sis denne fúr ein geſpette hant und
5 meinnent men megge wol der nattûren und gotte in
eime einfeltigen gûten sinne lebben; ich wil dir
sagen, si sagent in einer wisen wol wor, abber das
iſt sache das in got fil dinges in diesen citen ueber-
siht; abber ich wil dir sagen, bekanthe der menſche
10 was die selle mûste lidden umbe das minneſte lúſtelin
das der menſche ie gehette odder gebrûthe in der
cit das widder got was, und bekante der menſche
was die selle mûſte angeſt und not und liddendes
haben umbe das minneſte lúſtelin das der menſche
15 ŏch nimmet in der nattûren das widder got iſt, so
solt du wiſsen, wer der menſche were der dis be-
kante, ebbe er denne wolte eine deggeliche súnde
dûn, er wolthe e úrwellen das men imme alle dage
sin hŏbet solte abbeſchlahen und alle dage unce in
20 sin dot einen nûwen dot solte lidden. Du solt ŏch
wiſsen das diese menſchen die uffe dieseme felse
wonnende sint groses eewiges lonnes enberen mûsent
umbe den lûſt und den mûtwillen den si in irre
nattûren gebrûhent hant. Der menſche ſprach: ach
25 herceliep mins, mich het gros wnder das nút alle
menſchen gont und illent noch dinner gettelicher
minnen. Die entwrte * ſprach: es iſt dir gar sûse
und gar liht zû reddende, es iſt abber den menſchen
gar swere zû dûnde die lange zit hant rûwe und
30 gemach gesûht in irre nattûren. Der menſche ſprach:
ach herceliep mins, ich bekenne und weis wol das
nieman mag rûwe (30ᵇ) noch gemach noch fridde
noch frĕde finden denne in dir alleine. Die entwrte
ſprach: das iſt wol wor, du solt abber wiſsen das
35 nieman mag fridde noch frĕde finden in demme

---

* *Schmidt* 80.

1 einigestest.

heiligen geiſte denne die menſchen die sich gotte zů
grůnde geben und gelosen hant. Der menſche ſprach:
sage mir, herceliep mins, mehthent diese menſchen
die uffe dieseme felse wonnende sint nút ŏch zů dirre
frĕden kůmen? Die entwrte ſprach: das wil ich dir 5
sagen, su solt wiſsen das diese menſchen die hie uffe
dieseme erſten underſten felse wonnende sint, ŏch
wol kemment zů dirre frĕden, abber si můſtent e
leren noch wiseme rothe wie si gelerthent irre nattůre
uebberwinden. Nů habbe ich dich gelosen sehhen 10
und habbe dich ŏch beſcheiden was menſchen uffe
dieseme erſten nidderſten underſten felse wonnende
sint; nů wil ich dir sagen, du můſt nů fúrbaſser
sehhen und můſt uffe den andern fels. Der menſche
ſprach: ach herceliep mins, was du wilt das sol sin, 15
ich sol dir billiche und gerne gehorsam sin unce in
minnen dot.

Hie het diese erſte redde von dieseme erſten
felse ein ende, und hebbent hienoch anne zů reddende
von den menſchen die uffe demme andern felse 20
wonnende sint.

Die entwrte ſprach: důn uf diene ŏgen und sich
ueber dich. Der menſche was gehorsam und sach
ueber sich, und sach fan demme erſten felse uf und
sach den andern fels, und siht wie dieser menſchen 25
ein deil gont von dieseme erſten felse und gont uf
und gont zů demme andern felse; und do diese
menſchen obbenan an den andern fels koment, do
fiel dirre menſchen ein deil also gar geswinde her-
widder abbe und ein deil die blibbent und koment 30
obbenan uffe den andern fels; und * welle menſchen
obbenan uffe den andern fels kŏment und duffe
blibbent, die mehthe dirre menſche an ſtette númme

---

* *Schmidt* 81.

18—21 *rot.*

gesehhen. Abbe dirre gesihthe nam dirre menſche
gros wnder und ſprach: sage mir, herceliep mins,
was iſt der meinungen der gesihthe der ich hie ge-
sehhen habbe? Die entwrte ſprach: das wil ich dir
5 sagen, alle die menſchen die von dieseme erſten felse
fliehent und löfent uffe den andern fels, das sint
menſchen die wol bekant hant das uffe demme
erſten felse sercliche wonnen iſt, und iſt in in irre
gedenke kůmen das si fúrbas solthent gon und hant
10 öch demme gůthen gedanke gefolget, und sint uf-
geſtanden mid eime fúrwegenen kůnen gemůte und
sint gangen von dieseme erſten felse unce uffe den
andern fels. Der menſche ſprach: sage mir, herce-
liep mins, was iſt denne der meinungen das dirre
15 menſchen ein deil also gar geswinde herwidder abbe
sint gefallen? Die entwrte ſprach: das wil ich dir
sagen; du solt wiſsen, die menſchen die uffe dieseme
andern felse wonnende sint (31ª) der hie obbe uns
lit, die menſchen hant ein herther uebender lebben
20 denne diese menſchen die uffe dieseme erſten felse
wonnende sint; dis iſt öch die sache, wenne diese
menſchen kůment von dieseme erſten felse und ufgont
und annesehhent wie der menſchen lebben iſt die
do wonnende sint uffe demme andern felse, so misse-
25 fellet in ir lebben und důnked si zů herthe und lont
in denne den besen geiſt ingen: ach du biſt noch
kranc, du maht sin nút úrlidden; dis iſt die sache
das die menſchen herwidder abbe fallent von demme
andern felse widder uffe den erſten felse, do men
30 me noch der nattůren zartheit uffe lebbet denne uffe
demme andern felse. Der menſche ſprach: sage
mir, herceliep mins, was menſchen sint diese menſchen
die hie obbe uns uffe dieseme andern felse wonnende
sint? Die entwrte ſprach: důn uf dinne ögen, du
35 můſt si selber sehhen. In dieseme selben worte was
dirre menſche uffe dieseme andern felse und sach
umbe sich und fant sin herce fúrbaſser wolgemůt
denne uffe demme erſten felse, und was das sache
das diese menſchen einen fil lieplichern wandel

hettent * denne die menſchen die er for uffe demme
erſten felſe geſehhen hette; abber ir was gar lúccel
und wennig widder den menſchen die er uffe demme
erſten felſe geſehhen hette, und was ŏch dirre andere
fels gar wit und ſchenne annezůſehhende widder 5
demme erſten felſe. Dis nam abber dieſen menſchen
wnder was dirre ſachen were, und ſprach: ſage mir,
herceliep mins, was menſchen ſint dieſe menſchen,
wenne ſi gefallent mir fere bas denne die menſchen
die uffe demme erſten felſe wonnende ſint? Die 10
entwrte ſprach: das wil ich dir ſagen, du ſolt wiſſen,
die menſchen die uffe dieſeme felſe wonnende ſint,
das ſint menſchen die ire nattŭre twingent das ſi
ſich mit eime fúrwegen gemŭte kerent von der welthe,
und hant ŏch in irme willen und in irre meinungen 15
das ſi iren eigin willen wellent ufgebben und wellent
eime gottesfrúnde, demme der weg wol bekant iſt,
gehorſam ſin an gottes ſtat unce in iren dot. Der
menſche ſprach: ach herceliep mins, mir iſt das dis
menſchen ſint die ich liep wil habben, wenne ich 20
getrŭwe du habbeſt ſi ŏch liep. Die entwrte ſprach:
es iſt wol wor, got der het ſi lieber denne die
menſchen die uffe demme erſten underſten felſe won-
nende ſint, abber ich wil dir ſagen, dieſe menſchen
die uffe dieſeme ander felſe wonnende ſint, wie liep 25
du ſi heſt, ſo hant ſi doch noch gar fere und gar
hohe zů irme urſprunge; und iſt das ſache, ſo dieſe
menſchen der beſe geiſt anneſiht, ſo erſchricket er
abbe dieſen menſchen, und iſt das ſache das er
ferthet das ſi imme untrinnen wellent, wenne der 30
beſe geiſt bekennet wol das ſich dieſe menſchen
gerothent ufkeren geggen irme urſprunge, und iſt der
beſe geiſt der gangen und het einnen angel in ſi
geworfen domitte er ſi behebet das ſi blibent (31ᵇ)
ſtille ſtonde das ſi nút fúrbas ufgont das ſi noher 35
kemment zů irme urſprunge. Der menſche ſprach:
ſage mir, herceliep mins, was iſt der angel domitte

---

der bese geiſt diese menſchen behebet das si nút
fúrbas ufgont? Die entwrte ſpracḥ: das wil ich dir
sagen; du solt wiſsen das diese menſchen in irme
erſten annefange gar kûne fúrwegene menſchen in
5 irme gemûte * und in irme willen worent, abber ich
wil dir sagen, si bekanthent noch do nút des besen
geiſtes ſchalkehthen ſtricke, und wil dir sagen, nû
iſt der bese geiſt zû gangen und het ein angel in
si geworfen domitte er si gefangen het. Der menſche
10 ſprach: sage mir, herceliep mins, was iſt der angel
domitte der bese geiſt diese menſchen gefangen het?
Die entwrte ſprach: das wil ich dir sagen, der angel
iſt domitte der bese geiſt diese menſchen hebbet, das
iſt das der bese geiſt heimmeliche in diese menſchen
15 rûnet und ſprichet zû irre nattûren, si sint cranke
carte menſchen von nattûren, si meggent nút wol
fúrbas kûmen und sellent ein gût getrûwen zû gotte
habben, und rûnet in denne in ire gedenke, si habbent
sich der welthe abbegedon mit der si sich noch wol
20 fil iore mehthent gefroewet und úrgezzet habben. In
diesen dingen machet der bese geiſt diesen menſchen
ettewas geiſlicher hoffart, der si noch nút wol selber
bekennen kúnnent; der bese geiſt git diesen menſchen
öch in ire gedenke das si sich selber also wise
25 dûnkent und also wol wiſsende, das in irme gemûte
gerot ufſton das si des dûnked das si keins menſchen
rothes noch helfe me bederfent; und der bese geiſt
lot diese menſchen rehte ein benûgen in dieseme
lebbende finden, und meinnent si hant sich deruf
30 gesat das si in dieseme lebbende úrſterben wellent.
Der menſche ſprach: ach herceliep mins, wie iſt der
bese geiſt so gar behende uffe alle heimmeliche
bosheit; sage mir, liebes herceliep mins, du ſpreche
doch, diese menſchen hetthent sich den gottes frúnden
35 gelosen; sage mir, herceliep mins, werzû wiset und
leret nút ie der gottes frúnt ie den menſchen der
sich imme gelosen het, das diese menſchen fúrbas

---

* *Schmidt* 83.

ufgiengent? Die entwrte ſprach: das wil ich dir
sagen; es iſt wol wor, diese menſchen hetthent sich
in irme erſten zůker den gottes frúnden gelosen,
abber do die gottes frúnde sohhent und merkenthent
das der bese geiſt diese menſchen gefangen und be-   5
hebet hette, do erſchrockent die gottes frúnde und
gedorſtent diese menſchen nút fúrbas gewisen noch
fúrbas roten zů gonde, und was das sache das die
gottes frúnde wol be*kanthent, der diese menſchen
fúrbas uf solte wisen, das si denne nút gehorsam 10
werent und denne bĕser wrdent denne si for worent,
und fil lihte von dieseme felse abbe fielent under
das garn. (32ª) Der menſche ſprach: ach herceliep
mins, wie úrbarmet mich so grůnt uebele das diese
menſchen alsus gefangen sellent sin das si nút fúrbas 15
ufgont. Die entwrte ſprach: das wil ich dir sagen;
du solt wiſsen das der bese geiſt ein angel het in
diese menſchen geworfen domitte er si faſte behebet
das si nút fúrbas ufgont; ich wil dir sagen, der angel
iſt das diese menſchen lebbent in irme eigin gůt- 20
důnkenden wolgefalden willen, in demme si ir selbes
eiginſchaft gebrůhen wellent unce in iren dot. Der
menſche ſprach: ach herceliep mins, do ich zů erſt
uffe diesen fels kam do was ich gar fro und wonde
nút dis werent gar gůte menſchen, und was das sache, 25
do ich diese menſchen annesach do was ir wandel
also gar liepliche annezůsehhende widder der menſchen
wandel die uffe demme erſtcn felse wonnende sint.
Die entwrte ſprach: das wil ich dir sagen, du solt
wiſsen das got diese menſchen die uffe dieseme andern 30
felse wonnende sint fere lieber und werder het denne
die menſchen die uffe demme erſten felse wonnende
sint; und iſt das sache das si irre nattůre fere me
annegriffent und ſtrenclich uebent denne die menſchen
die uffe demme erſten underſten felse důnt; und wil 35
dir sagen, diese menſchen hant ŏch fere noher zů
irme urſprunge denne die uffe demme erſten felse

* *Schmidt* 84.

wonnende sint. Der menſche ſprach: sage mir, herce-
liep mins, hant diese menſchen ŏch feggefúr so si
úrſterbent? Die entwrte ſprach: wie iſt diene froge
noch so gar einfeltig! du solt wiſsen das diese
5 menſchen, die uffe dieseme andern felse wonnende
sint gros swere grŭwellich phinlich feggefúr mŭsent
lidden; abber ich wil dir sagen, dire menſchen
feggefúr wrt doch fil minre denne der menſchen
fegefúr die uffe demme erſten felse wonnende sint,
10 und iſt ŏch dirre menſchen eewiger lon vor gotte
fere me denne der menſchen uffe demme under felse.
Ich wil dir sagen me, wer zŭ sime urſprunge kŭmen
wil, der mŭs diesen * fels ueberſtigen und alle diese
andern grosen herthen felse die an diesen hohen
15 berg uf liggent, unce das er kŭmet obbenan uffe
diesen grosen hohen berg. Der menſche ſprach:
ach hercekliches liepliches liep mins, ich bekenne
dich in diener minnenden trŭwen also milthe und
alse gŭt, wo ein menſche were der ein gŭt getrŭwen
20 zŭ dir hette mit eime gancen fúrweggen kŭnen ge-
mŭte und willen urlop zŭ gebbende allen creatŭren
und dich alleine zŭ eime herceliebe nemmen wolte,
wer der menſche were der sich mit sollichen crefthen
zŭ dir kerthe, ich getrŭwe er solte an ſtette helfe
25 in dir finden das er gar geswinde diese grosen
herthen felse alle ueberſtigge. Die entwrte ſprach:
das iſt wol wor, got (32ᵇ) liese nút, wo er ein reht
fúrwegen kŭne gemŭte mit eime ſtetten willen fúnde,
er kemme imme zŭ helfe und fŭrthe in selber fúrbas;
30 abber ich wil dir sagen, men findet gar lúccel fúr-
wegener kŭner gemŭte in diesen citen. Der menſche
ſprach: das lo dich herceliep mins erbarmen.

Hie het diese andere redde von dieseme anderen
felse ein ende, und hebbent hienoch anne zŭ

---

* *Schmidt* 85.

96, 33 — 97, 2 *rot.*

reddende von den menſchen die uffe demme dirthen
felse wonnende sint.

Die entwrte ſprach: důn uf diene ŏgen und sich
ueber dich. Der menſche was gehorsam und sach
ueber sich und sach von demme andern felse unce 5
obbenan an den dirthen fels, und siht wie dieser
menſchen ein deil gont von demme andern felse und
gont uf und gont zů demme dirthen felse; und do
diese menſchen obbenan an den dirthen fels koment,
do fiel dirre menſchen ein deil also gar geswinde 10
herwidder abbe, und ein deil menſchen blibbent und
koment obbenan uffe den fels. Dirre menſche sach
den fels abbe und sach das menſchen gont gar ge-
swinde und gont eins gondes von demme erſten felse
und lŏfent fúr den andern fels und kůment obbenan 15
uffe den dirthen fels; dis nam diesen menſchen wnder
was dis meinde und ſprach: sage mir, herceliep mins,
was diese gesihte bethúthet die ich * hie gesehhen
habbe. Die entwrte ſprach: sage mir, het dich dis
wnder das du menſchen heſt gesehhen gon eins 20
gondes von demme erſten felse unce uffe den dirthen
fels? Der menſche ſprach: sage mir, herceliep mins,
was der meinungen si. Die entwrte ſprach: das wil
ich dir sagen; es iſt nút unmůgeliche das es dich
wnder het, wenne es beſchiht gar lúccel in diesen 25
cithen, abber ich wil dir sagen, es beſchach hiefor in
andern cithen gar digke und gar fil das sich menſchen
also gar fúrwegeliche ufkerthent zů der eewigen wor-
heite und gar kůnliche urlop gobbent ir selbes
nattůre und allen creatůren mittenander und sich 30
ufkerthent geggen irme urſprunge und in also erneſt
wart, das si mit der helfe gottes liefent eins lŏfes
von dieseme erſten underſten felse ueber diese grosen
herthen felse alle unce obbenan an den aller ebberſten
hohen fels der obbenan uffe dieseme hohen berge lit. 35
Der menſche ſprach: herceliep mins, du heſt mich

* *Schmidt* 86.

dis wol befcheiden; sage mir ŏch, herceliep mins,
was menfchen sint diese menfchen die hie obbe uns
wonnende sint uffe dieseme dirthen felse? Die entwrte
fprach: so dŭn uf dinne ŏgen, du solt si selber sehhen.

5 In demme selben worthe was dirre menfche uffe
demme dirthen felse, und sach umbe sich und was
gar fro, und was das sache das diese menfchen gar
fil (33*) gŭtlicher und lieplicher worent annezŭ-
sehhende denne die menfchen die uffe demme andern
10 felse wonnende sint der under dieseme felse lit; und
was abber dirre menfchen gar lúccel widder den
menfchen die er for hette gesehhen uffe demme
andern felse. Der menfche fprach: sage mir, herce-
liep mins, was menfchen sint diese menfchen die
15 hie wonnende sint uffe dieseme dirthen felse? Die
entwrte fprach: das wil ich dir sagen; du solt wifsen
das dis menfchen sint die got fil lieber und fil
werder het denne die menfchen die uffe demme
andern felse wonnende sint; und wil dir sagen, und
20 ift das sache das diese menfchen fere ftrenger
uebungen durch got hant an sich genŭmen denne
die menfchen die uffe demme andern felse wonnende
sint; diese menfchen hant in selber * swere ŭbungen
ufgesat, in der meinungen das si in das himmelriche
25 kŭment und for der hellen behŭt werdent und das
si lúccel fegefŭres liddende werdent; diese menfchen
hant sich ŏch fere me des weltlichen kŭmbers abbe
gethon denne die menfchen die uffe demme andern
felse wonnende sint. Der menfche fprach: ach herce-
30 liep mins, mir gefallent diese menfchen fere bas
denne alle die menfchen die ich for gesehhen habbe.
Die entwrte fprach: es ist wol wor, diese menfchen
sint besser denne die menfchen die du for gesehhen
hest; abber ich wil dir sagen, wie gŭt dich diese
35 menfchen dŭnkent, so hant si noch gar fere und
gar hohe zŭ irme urfprunge, und wie das ift, so ift
doch der bese geift abbe diesen menfchen erfchrocken

* *Schmidt* 87.

und het einen grosen angel in diese menſchen ge-
worfen domitte er si behebet das si nút fúrbas ufgont.
Der menſche ſprach: sage mir, herceliep mins, was
iſt der grose angel domitte der bese geiſt diese
menſchen hebbet das si nút fúrbas ufgont? Die 5
entwrte ſprach: das wil ich dir sagen; der grose
angel domitte der bese geiſt diese menſchen hebbet,
das iſt das diese menſchen noch ettewas ufgesihthes
und kůmbers mit der welthe hant und findent sich
selber do inne meinnende; diese wise und alle irre 10
wisen und alle ire ſtrenge ůbungen hant si mit ir
selbes wolgefallender eiginſchaft beseſsen; und dis
iſt ȯch der grose angel domitte si der bese geiſt be-
hebet das si nút fúrbas ufgont. Der menſche ſprach:
sage mir, herceliep mins, můsent diese menſchen ȯch 15
fegefúr lidden? Die entwrte ſprach: das wil ich dir
sagen; du solt wiſsen, werdent diese menſchen mitme
dode uffe dieseme dirthen felse fůnden, so můsent
si gros grůwellich swere feggefúr lidden, abber doch
nút also gros noch also ſtrenge also die menſchen 20
die uffe demme andern felse wonnende sint der under
dieseme felse lit, und diese menſchen hant me eewiges
lonnes for gotte denne die menſchen uffe demme
andern felse; und iſt das sache das (33ᵇ) diese
menſchen ire nattůre fil fúrweggenlicher und kůn- 25
licher hant annegegriffen denne die menſchen die
uffe demme andern felse wonnende sint. Der menſche
ſprach: * ach herceliep mins, mich úrbarment diese
menſchen zů grůnde mins hercen das sú sich nút
mit gewalt uſser des besen geiſtes angel brechent ,30
und fúrbas ufgont noher zů irme urſprunge.

Hie het diese dirthe redde von dieseme dirthen
felse ein ende, und hebbent nůn hienoch anne zů
reddende von den menſchen die uffe demme fierden
felse wonnende sint.   35

Die entwrte fprach: důn uf diene ŏgen und sich
ueber dich. Der menfche was gehorsam und sach
ueber sich und siht wie dieser menfchen ein deil
gont von demme dirthen felse und gont uf und gont
5 zů demme fierden felse, und do diese menfchen
obbenan an den fels koment do fiel dirre menfchen
ein deil also gar geswinde herwidder abbe, und
fielent also gar diefe hinabbe unce das si under
das garn koment. Do dirre menfche alsus dirre
10 gesihthe hinabbe noch sach, do siht er das ein
menfche ufserme garne kůmet fchlieffende und lŏfet
gar geswinde diesen berg uf, unde lŏffet eins lŏfes
ueber diese drigge felse und kůmet obbenan uffe
den fierden fels. Dirre menfche nam gros wnder
15 abbe dirre gesihthe und fprach: sage mir, herceliep
mins, was diese gesihthe bethůthet die ich hie ge-
sehhen habbe. Die entwrte fprach: das wil ich dir
sagen; du solt wifsen, die menfchen die, obbenan
herabbe von demme fierden felse gefallen sint und
20 eins fallendes fielent unce under das garn, das sint
menfchen gesin die mit groser erbeithe und mit
ftrenger ůbunge sint kůmen unce obbenan an den
firden fels, und do si fůrbas uf solthent sin gangen,
do liesent si sich den besen geift und ir selbes eigin
25 nattůre ueberwinden, das si hůnder sich herwidder
abbe under das garn sint gefallen. Der menfche
fprach: ach herceliep mins, wie ůrbarmet mich dis
so gar grůnt uebele das diese menfchen in selber
also gar unrehthe hant gethon. Die entwrte fprach:
30 du solt wifsen, es ist ŏch wol zů ůrbarmende; du solt
wifsen, sellent si herwidder uf, es můs in grůweliche
sůre werden. Der menfche fprach: * sage mir, herce-
liep mins, was der sachen ift das der eine menfche
also geswinde mehthe untrinnen ufser demme garne
35 und uf lief und eins lŏffes lief vonme garne und lief

---

* *Schmidt* 89.

11 ufser me.   fliend *K*; schloff *mm*; schlichen *S*.

ueber diese drigge felse und kam uffe den fierden
fels. Die entwrte ſprach: das wil ich dir sagen; du
solt wiſsen, den menſchen den du heſt gesehhen von
demme garne lŏfen und eins lŏfes iſt gelŏfen ueber
diese (34ª) drigge felse und uffe den firden fels iſt 5
kŭmen, do solt du wiſsen das demme selben menſchen
ein also gar groser swinder kreftiger rŭwe under
demme garne wart umbe alle sinne sŭnde, und mehthe
imme sin herceblŭt zŭ den ŏgen us sin gangen, das
wer imme liep gesin, und dirre menſche greif ŏch 10
an ſtette also gar geswinde sinne nattŭre an und
uebethe sich also gar faſte und also gar fúrwegen-
liche das dirre menſche gar kranc wart. Nŭ wil ich
dir sagen, do got dis menſchen kŭne fúrwegen ge-
mŭte annesach mit eime also gar ſtrengen geswinden 15
annegriffe sinner nattŭren, do half imme ŏch got das
er also geswinde zŭ dirre geselleſchaft kam die hie
obbe uns wonnende sint uffe dieseme fierden felse.
Der menſche ſprach: sage mir, herceliep mins, was
menſchen sint diese menſchen die hie obbe uns 20
wonnende sint uffe demme fierden felse? Die ent-
wrte ſprach: dŭn uf diene ŏgen und sich. In demme
selben worte was dirre menſche uffe demme fierden
felse; do sach dirre menſche umbe sich und sach
die menſchen uffe demme fierden felse an und wart 25
gar fro; und was das sache das dieser menſchen
wandel fere lieplicher und gŭttlicher was annezŭ-
sehhende denne der menſchen wandel uffe demme
dirthen felse der under dieseme felse lit.   Dirre
menſche frote abber und ſprach: sage mir, herceliep 30
mins, was menſchen sint diese menſchen odder was
iſt ir ŭbunge, der menſchen die hie wonnende sint
uffe dieseme firden felse? Die entwrte ſprach: das
wil ich dir sagen; du solt wiſsen das es menſchen
sint die irre nattŭre ſtrencliche und kŭnliche anne- 35
griffent und sich uebent dag und naht also fere si
trŭwent das irre nattŭre úrzúgen mag, und sint ge-

29 dirthe.

willig und gehorsam zů allen gettelichen minne-
werken * die si wifsent odder meggent follebringen.
Der menfche fprach: ach herceliep mins, sift ge-
danked und gelobet das men noch solliche menfchen
5 findet in der criftenheite die sich mit also groseme
ernefte und flise dag und naht uebent; sage mir,
herceliep mins, sint dis nút gar usgenůme gůte
menfchen? Die entwrte fprach: das wil ich dir
sagen, diese menfchen sint gůte menfchen, es sint
10 abber nút usgenůmme menfchen, und ift das sache
das si noch gar hohe und gar fere zů irme urfprunge
hant, abber diese menfchen sint noher irme urfprunge
denne alle die menfchen die du for gesehhen heft;
und wil dir sagen, der bese geift het doch in diese
15 menfchen einen gar grosen angel geworfen domitte
er si hebbet und fohet das si nút fúrbas ufgont
noher zů irme urfprunge. Der menfche fprach: ach
herceliep mins, wie bin ich so gar sere uebele er-
fchrocken (34ᵇ) abbe dirre redde das du fprichelt
20 das diese menfchen ŏch gefangen sint mit des besen
geiftes angel; sage mir, herceliep mins, was groses
angels het der bese geift geworfen in diese gůthen
menfchen domitte er si gefangen het? Die entwrte
fprach: das wil ich dir sagen; der angel domitte der
25 bese geift diese menfchen gefangen het das ift das
si alle irre werg und alle irre wisen und alle irre
ůbungen mit ir selbes eiginfchaft besefsen hant
noch ir selbes annegenůmmener eiginner wisen und
sich derus nieman lont wisen. Der menfche fprach:
30 ach herceliep mins, mir ift das diesen menfchen
nút anders briftet denne gelosheit; ach herceliep
mins, hettent diese menfchen ieman der si den
rehthen weg underwisenthent! Die entwrte fprach:
das wil ich dir sagen, diese menfchen sint gar sere
35 gefangen, abber wolthent si sich losen, si soltent
noch wol menfchen finden die si mit der helfe gottes
uffe die rehthe ftrose fúrthent; du solt wifsen das

* *Schmidt* 90.

kein eiginwillig menſche mag kûmen in dirre zit zů
sime urſprunge; dů solt ŏch wiſsen das got gar digke
und gar fil an diese menſchen fúrsûhet ebbe si sich
wellent losen, so hilfet es alles nút; und iſt das
sache das si der bese geiſt gar kreſtekliche het ge- 5
fangen mit demme grosen * angelle irre selbes eigin-
ſchaft uſser demme alle irre werg und alle irre wisen
und alle irre uebunge gewart werdent; und dis nimmet
der bese geiſt gar ebbene war; und wenne got diesen
menſchen das lieht der gelosenheite fúrhebbet, so iſt 10
der bese geiſt an ſtette bereit und wrfet in si den
angel ir selbes annegenûmmenheit mit allen irren
eigin wisen. Der menſche ſprach: ach herceliep
mins, mich úrbarmet von grůnde mins hercen diese
menſchen, das es also gůte menſchen sint und also 15
wol weg und wise hettent und sich nút lont fúrbas
wisen das si kemment uſser iren eigin wisen und
uſser iren eigin willen; sage mir, herceliep mins,
wiſsent diese menſchen das du selber dinnen eigin
willen ufgebbe dime himmelſchen fatter unce in den 20
dot? Die entwrte ſprach: io si glŏbent es, wenne
es iſt ir criſtonglŏbe, abber ich wil dir sagen, du
solt wiſsen das der bese geiſt gar sere abbe diesen
menſchen urſchrocken iſt, und důt wie er mag das
er diese menſchen in ir selbes eigin annegenûmenen 25
wisen behebe das si nút fúrbas uf gont; und iſt das
sache das der bese geiſt gar wol bekennede iſt wenne
es beſchehhe das sich diese menſchen zů grůnde
liesent und sich demûtigentent und sich underwrfent
und sich den menſchen liesent an gottes ſtat den 30
der weg bekant were, wenne das beſchehhe das si
denne got an ſtette liese geniesen der grosen uebungen
der si gehěbet hant, und si denne gar geswinde (35ª)
fûrthe einen gar hohen fremmeden weg der in for
gar unbekant was.   35
    Der menſche ſprach: herceliep mins, ich bekenne
diese menſchen nút anders wenne das si mir wol

* *Schmidt* 91.

gefallent, und ift das sache das si gar liepliche
annezûsehhende sint widder andern menfchen die
ich ʼfor gesehhen habbe. Die entwrte fprach: du solt
wifsen, wie lieplichen dich dûnkent diese menfchen
5 annezûsehhende, nochdenne werdent diese menfchen
gar lihthekliche beweget zû zornmûthekeit und öch
zû ein deil andern untûgenden, und wil dir sagen,
diese menfchen hûthent sich derzû das befte das si
kûnent und mûgent, und nochdenne so befchiht es
10 in. Der menfche fprach: sage mir, herceliep * mins,
was ift denne der sachen das sich diese menfchen
nût derfor behûthen kûnnent? Die entwrte fprach:
das wil ich dir sagen, das ift das si noch ungelosene
menfchen sint und sich noch nût geûbet hant in der
15 rehthen gelosenheithe und noch gar unûrftorbene
menfchen sint in der rehthen gelosenheithe. Der
menfche fprach: ach herceliep mins, ich wonde nût
dis werent gar gûthe menfchen und werent öch dir
gar liebe menfchen. Die entwrte fprach: das wil
20 ich dir sagen; du solt öch wifsen das es gotte die
liebenften menfchen sint for allen den eiginwilligen
menfchen die du noch gesehhen heft; ich wil dir
sagen, du solt abber wifsen das diese menfchen
mûsent gar einen andern weg gon denne si nû gont,
25 sellent si uffe die rehthe gewore ftrose kûmen die
do uf get zû demme urfprûnge. Der menfche fprach:
sage mir, herceliep minnes, mûsent diese menfchen
öch feggefûr lidden die alle irre dage und alle irre
cit in so groser ftrenger uebunge hant fûrtribben?
30 Die entwrte fprach: das wil ich dir sagen; du solt
wifsen, was der menfche ungelosenheit von hinnan
mid imme fûret, was der ungelosenheite ift, die mûs
alles in demme fegefûre abbe geleit werden, und
mûsent derzû umbe irre ungelosenheit eewiges lonnes
35 mangeln. Du solt wifsen, werdent diese menfchen
fûnden und begriffet si der dot bi dirre gesellefchaft
die hie wonnende sin uffe dieseme fierden felse, so

solt du wifse das si gros ftrenge feggefúr músent
lidden, abber doch ift ir feggefúr fil minre denne
der menfchen die do wonnende sint uffe demme
dirthen felse der hie under uns lit, und ift öch ir
eewiger lon groser denne der menfchen die under 5
uns wonnende sint. Der menfche fprach: sage mir,
herceliep mins, befindent diese menfchen diener
heimmelichen fúr(35ᵇ)borgennen gnoden nút die du
diene frúnde in etthelichen cithen loft gewar werden?
Die entwrte fprach: das wil ich dir sagen; du solt 10
wifsen, alle die wille das diese menfchen uffe dieseme
firden felse wonnende sint, so lebbent si ufser irre
eigin annegenúmmennen wisen und nút ufser rehther
gelossenheithe; do solt du wifsen, alle die wille das
diese menfchen * bi dirre gesellefchaft wonnende 15
sint, das si der heimmelichen fúrborgennen werke in
der cit niemer gewar werdent die got in der cit
wrked mit sinnen gelosenen fúrborgenen heimme-
lichen frúnden.
    Der menfche fprach: ach herceliep mins, woltheft 20
du nút zúrnen, so wolte ich dich gerne eins dinges
bitthen. Die entwrte fprach: sage an was wilt du
denne bitthen? Der menfche fprach: ach herceliep
mins, so wolthe ich dich gerne bitthen, wer es din
wille, das du mich arme snede súndige creatûre lieseft 25
sehhen diene fúrborgene heimmelichen frúnde. Die
entwrte fprach: das wil ich dir sagen, das du ge-
betthen heft das sol sin, abber ich wil dir sagen du
wrft noch gar hohe ftiggende ie fan eimme felse unce
uffe den andern unce an die ftûnde das du die gerehthen 30
geworen heimmellichen gottes frúnde sehhende wrft;
ich wil dir sagen me, du mûft öch dernoch selber in den
ûrfprunc sehhende werden. Der menfche erfchrach
von grûnde sins hercen und fprach: ach herceliep
mins, ich han dich doch nûwent gebetthen das du 35
mich soltheft losen sehhen diene heimmellichen frúnde,
so heft du gefprochen du welleft das ich in den

* *Schmidt* 93.

urſprunc sehhen mûse; ach herckliches liepliches
liep mins, minne meinunge was nút also, ach grûn-
deloses herceliep mins, gedar ich dich gebitten und
iſt es din wille, so úrlos mich dirre grosen erwrdi-
5 keit, wenne ich bekenne mich selber eine also arme
unwrdige snede ungeuebethe und ungelebethe creatûre
das ich zû grûnde mins hercen abbe dirre redde úr-
ſchrocken bin. Die entwrte ſprach: ich wil dir sagen
von der mûther gottes; die rehthe demûtige ge-
10 loshenheit mit eime rehthen ufgebbenden ir selbes
eigin wille in rehther reinner gehorsamkeit fûrte die
mûter gottes ueber alle hêthe der engelle und ueber
alle hêthe aller helgen. Der menſche ſprach: herce-
liep mins, mich dûnked das es gar billiche iſt und
15 gar mûgeliche si, alles das du diener lieben mûther
dûſt, das het si wol fúrdienet, abber das du mit mir
armen súnder wilt follebringen, das het mich gar
eine fremmede redde. Die ent*wrte ſprach: nû heſt
du wol (36ᵃ) geheret das die mûther gottes gehorsam
20 iſt gesin unce in den dot. Der menſche ſprach: ach
herceliep mins, zúrne nút, ich wil gerne gehorsam
sin unce in den dot, und follebrinc alles das du
wilt; ach herceliep mins, ich getrûwe und woſtent
fil menſchen das rehthe demûtige underworfenne ge-
25 lossenheit also gar gût und also gar núcce und ·
frûhtber were, si kerthent sich ufser irme eigin willen
und kerthent sich zû der rehthen gelossenheithe.

Hie het diese firde redde ein ende die do het
geseit von demme fierden felse, und hebbent nûn
30 hienoch anne zû reddende von den menſchen die do
wonnende sint uffe demme fúnfthen felse.

Die entwrte ſprach: dûn uf diene ögen und sich
ueber dich. Dirre menſche was gehorsam und sach
ueber sich und siht das der fúnfte fels also gar

---

* *Schmidt* 94.

6 ungelebet *auch Tauler* 215, 7.   28—31 *rot.*

grûweliche hohe lit obbe dieseme firden felse, das
dirre menſche wnder drabe nam; dirre menſche sach
ŏch das gar lúccel menſchen fan demme fierden felse
den weg ufgingent zû demme fúnfthen felse, und
under denselben menſchen koment gar lúccel und 5
wennig uffe den fúnfthen fels. Dirre menſche sach
das sich diese menſchen gar digke und gar fil wogen-
thent und gingent alles uf, und also digke si obbenan
an den fels komment, so fiel alles das meiſte deil
der menſchen gar geswinde herwidder abbe. Dirre 10
menſche sach ŏch das gar lúccel menſchen uffe den
fúnften fels komment und ŏch duffe blibbent; dis nam
abber diesen menſchen wnder was dirre meinungen
were und ſprach: sage mir, herceliep mins, was iſt
dirre menſchen meinunge das ir also rehthe lúccel 15
uffe dieseme fúnfthen felse blibet? Die entwrte
ſprach: das wil ich dir sagen: der fúnfthe fels iſt
hohe, der denne hohe ſtigen mûs das wrt dem
menſchen sûre und iſt ŏch dem menſchen zwere zû
dûnde; ich wil dir sagen, wer uffe diesen fúnfthen 20
fels kûmet und ŏch ſtette duffe blibet, der iſt erſt
kûmen uffe den * rehthen annefanc der rehthen
ſtrosen die do ufget zû demme urſprunge. Der
menſche ſprach: sage mir, herckliches liepliches liep
mins, was menſchen sint diese menſchen die hie obbe 25
uns wonnende sint uffe demme ſúnfthen felse? Die
entwrte ſprach: dûn uf diene ŏgen und sich. In
dieseme selben worthe was dirre menſche uffe demme
fúnfthen felse. Der menſche sach umbe sich und was
gar fro, und was das sache, do er diese menſchen 30
annesach do worent si also gar wnderliche gûtliche
annezûsehhende widder allen den menſchen die er
for gesehhen hette, das dirre menſche wnder drabe
(36ᵇ) nam, und was ŏch dirre fels also gar wit und
also gar ſchenne, fere ſchenner und wither annezû- 35
sehhende denne alle die er formolles gesehhen hette,
wenne das der menſchen gar lúccel was die uffe

_____

* *Schmidt* 95.

dieseme fúnfthen felse wonde sint; dis het abber
diesen menſchen wnder was menſchen dis werent,
und ſprach: sage mir, herceliep mins, was menſchen
sint diese menſchen odder was lebbendes fúrent diese
5 menſchen die hie uffe dieseme fúnfthen felse wonnende
sint, wenne si gefallent mir fere bas denne alle die
menſchen die ich for geseḣhen habbe? Die entwrte
ſprach: das wil ich dir sagen: diese menſchen die
uffe dieseme fúnfthen felse wonnende sint, das sint
10 menſchen die irren eigin willen hant ufgebben und
hant in gotte widdergebben und hant einen gancen
feſten willen das si nûme uſser irre eigin gût-
dûnkenden wolgefallenden wisen wellent lebben, und
hant ŏch in irme willen und in irre meinungen das
15 si wellent freggen noch einen menſchen demme der
rehthe weg bekant iſt und in ŏch selber gangen iſt,
demme wellent si sich losen an gottes ſtat unce in
iren dot. Der menſche ſprach: ach herceliep mins,
ich habbe diese menſchen von grûnde mins hercen
20 gerne gesehhen, und iſt das sache das mich dûnked
das dis gar gûte menſchen sint und ŏch dir gar
liebe menſchen sint. Die entwrte ſprach: es iſt wol
wor, es sint gûte menſchen und sint ŏch gotte liebe
menſchen, und iſt das sache das si sint kûmen uffe
25 die rehthe ſtrose; ich wil dir sagen, blibent diese
menſchen ſtette uffe dirre ſtrosen, so werent * si
gotte fil lieber denne si nû sint. Der menſche ſprach:
sage mir, herceliep mins, sint diese menſchen nohe
bi irme urſprunge? Die entwrte ſprach: das wil ich
30 dir sagen; du solt wiſsen das diese menſchen noch
gar hohe und gar fere hant zû irme urſprunge. Der
menſche ſprach: sage mir, herceliep mins, was iſt
der sachen? Die entwrte ſprach: das wil ich dir
sagen: die sache iſt das der bese geiſt anne het ge-
35 sehhen das sich diese menſchen uffe die rehthe ſtrose

---

* *Schmidt* 96.

12 feststen.

gerihthet hant, und ift des öch der bese geift gar
sere úrfchrocken und ift der bese geift zûgangen und
het gar einen grosen angel in diese menfchen ge-
worfen domitte er si behebbet das si die rehthe ftrose
nút fúrbas ufgont. Der menfche fprach: sage mir, 5
herceliep mins, was groses angels het der bese geift
in diese menfchen geworfen domitte er si behebet
das sie nút fúrbas ufgont? Die entwrte fprach: das
wil ich dir sagen; du solt wifsen (37ᵃ) das der grose
angel den der bese geift in diese menfchen geworfen 10
het, das ift das diese menfchen nút ftettekliche uffe
dieseme fúnfthen felse wonnende blibent. Der menfche
fprach: sage mir, herceliep minnes, sint diese menfchen
alle geliche in eime dûnde die uffe dieseme fúnfthen
felse wonnende sint? Die entwrte fprach: io diese 15
menfchen die uffe dieseme fúnfthen felse wonnende
sint die sint alle in eime dûnde, du solt abber wifsen
das der bese geift diese menfchen alle het gefangen
mit demme grosen angel der do heifset unftettikeit.
Der menfche fprach: sage mir, herceliep mins, was 20
ift der unftettekeit der diese menfchen hant? Die
entwrte fprach: das wil ich dir sagen; du solt wifsen
das diese menfchen die uffe dieseme fúnfthen felse
wonnende sint, das die löffent zû etthelichen cithen
widder abbe uffe den firden fels und nemment ir 25
selbes annegenummene eigin wise widder an sich,
die wise die öch die menfchen uebent die do wonnende
sint uffe demme firden felse der under dieseme felse
lit; also löffent diese menfchen bliccende uf und
abbe, eine wille hant si irre wonunge uffe demme 30
fúnfthen felse, die ander wille löffent si widder abbe
uffe den firden * fels; diese menfchen hant kein
ftetthes bliben uffe demme fúnfthen felse. Der menfche
fprach: sage mir, herceliep mins, was meinnet es das

---

* *Schmidt* 97.

29 bliccende] snell und gering *K*; bliccen = blitzen '*hin-
und herlaufen*', *s. Lexer* 1, 310; *Schmidt, Hist. Wörterbuch der
elsässischen Mundart S.* 45ᵃ.

diese menſchen nút ein ſtetthes bliben hant uffe
dieseme fúnfthen felse? Die entwrte ſprach: das
wil ich dir sagen, es meinnet das ir eigin wille noch
nút zů gründe gedetthet und úrſtorben iniſt. Der
5 menſche ſpach: sage mir, herceliep mins, sint dir
diese menſchen die uffe dieseme fúnfthen felse
wonnende sint nút lieber denne die menſchen die
uffe demme firden felse wonnende sint der hie under
uns lit? Die entwrte ſprach: das wil ich dir sagen:
10 du solt wiſsen das got diese menſchen fere lieber
und werder het denne die menſchen die uffe demme
fierden felse wonnende sint. Der menſche ſprach:
sage mir, herceliep mins, was iſt der meinungen?
Die entwrte ſprach: das wil ich dir sagen: du solt
15 wiſsen das got die menſchen also rehthe liep und
wert het die ires eigin willen liddig worden sint,
derumbe het ŏch gŏt diese menſchen also liep; wie
das iſt das si nút zů allen cithen ſtetthe blibent, so
blibent si abber doch das meiſte deil in der ge-
20 losennen wisen. Der menſche ſprach: sage mir,
herceliep mins, ſterbent diese menſchen die hie
wonnent uffe dieseme fúnfthen felse, můsent si denne
ŏch feggefúr lidden? Die entwrte ſprach: das wil
ich dir sagen: du solt wiſsen, (37ᵇ) begriffet diese
25 menſchen der dot in diesen dingen, so můsent si
gros swere feggefúr lidden, abber gar fil minre denne
die menſchen die hie under uns uffe demme firden
felse wonnende sint, und hant ŏch for gotte fere
me eewiges lonnes denne si. Der menſche ſprach:
30 ach herceliep minnes, wie můs es so gar lůther sin
das zů dir sol kůmen, und důnked mich ŏch wie
das gar ein můgelich dinc si.

Hie het diese fúnfthe redde von dieseme fúnfthen
felse ein ende, und hebbent hienoch anne zů reddende
35 von den menſchen die do uffe demme sehſten felse
wonnende sint.

_____

33—36 *rot.*

Die entwrte ſprach: důn uf diene ȫgen unde sich
ueber * dich. Der menſche was gehorsam und sach
ueber sich und siht das der sehſte fels gar grůwelliche
hohe lit obbe demme fúnfthen felse, das dirre menſche
wnder drabe nam. Dirre menſche sach ȫch das gar 5
wnder lúccel menſchen von demme fúnfthen felse den
weg uf gingent zů demme sehſten felse, und die
selben menſchen die hinuf gingent, wenne die obbenan
an den sehſten fels komment so fielent si also gar
geswinde herwidder abbe das es rehthe was anne- 10
zůsehhende also ebbe si an den kof werent geſchlagen.
Diesen menſchen důthe ȫch das also gar lúccel
menſchen uffe demme sehſten felse blibbent, das in
důthe das under hůndert menſchen kůme ein menſche
uffe demme sehſten felse bleip; dis nam abber diesen 15
menſchen gros wnder was dis meinde, und ſprach:
sage mir, herceliep mins, was iſt dirre meinungen?
Die entwrte ſprach: důn uf diene ȫgen und sich.
In demme selben worthe was dirre menſche uffe
demme sehſten felse und sach umbe sich und siht 20
die allerminnenklichenſten menſchen und die aller-
lieplichenſten menſchen, das in důthe das si gar
withe und gar fere werent ueber alle die menſchen
die er for gesehhen hette; und was ȫch dire sehſte
fels also gar wit und ſchenne annezůsehhende widder 25
allen den felsen die er for gesehhen hette, wenne
das der menſchen gar lúccel was die uffe demme
sehsten felse wonnende worent; und wie lúccel dirre
menſchen was, so worent si doch also gar lieplichen
annezůsehhende, das dirre menſche dirre gesihthe gar 30
fro wart. Dirre menſche ſprach: ach herceliep mins,
wie gefallent mir diese menſchen so uſser mosen
wol! sage mir, hercekliches liepliches liep mins, was
menſchen sint diese menſchen die hie uffe dieseme
sehſten felse wonnende sint? Die entwrte ſprach: 35

---

* *Schmidt* 98.

24 diſ, *vgl.* 96, 7.

sage mir, gefallent dir diese menſchen wol? Der
menſche ſprach: io si, herce[(38ᵃ)liep mins, si ge-
fallent mir gar vil bas denne alle die menſchen die
ich vor gesehen habe. Die entwurte ſprach: du solt
5 ŏch wiſsen daz es gotte liebe menſchen sint. Der
menſche ſprach: sage mir, herzeliep mins, waz
menſchen sint diese menſchen? Die entwurte ſprach:
daz * wil ich dir sagen; die menſchen die hie uffe
diseme sehſten felse wonende sint, daz sint menſchen
10 die sich gotte hant gelosen und hant [sich] den gottes
frúnden iren eigen willen ufgeben an gottes ſtat und
hant einen ganzen feſten willen daz si gehorsam
und ſtette wellent bliben unze in iren tot. Der
menſche ſprach: ach herzeliep mins, dis sint menſchen
15 der ich gar fro bin; sage mir, herzeliep mins, sint
dis die menſchen die zŭ irme urſprunge kumen sint?
Die entwurte ſprach: wie iſt dine froge noch so gar
einfeltig und so gar kintliche; ich wil dir sagen, du
solt wiſsen daz dise menſchen noch gar grúweliche
20 hohe mŭſten ſtigen, soltent si den urſprunc úrlangen.
Der menſche ſprach: sage mir, herzeliep mins, waz
iſt denne dirre menſchen breſte? Die entwurte ſprach:
daz wil ich dir sagen; der breſte iſt daz der bŏse
geiſt het einen gar grúwelichen grosen angel in dise
25 menſchen geworfen, domitte er si fohet und hebet
daz si nút fúrbas ufgont, und iſt daz sache daz der
bŏse geiſt gar sere abe disen menſchen úrſchrocken
iſt, und iſt daz sache daz der bŏse geiſt gar wol
bekennede iſt daz dise menſchen uffe die rehte ge-
30 wore ſtrose kumen sint, und sint ŏch dis die noheſten
menſchen deme urſprunge under allen den menſchen
die du noch gesehen heſt. Der menſche ſprach: sage
mir, herzeliep mins, was iſt der grose angel domitte
der bŏse geiſt dise gŭten menſchen het gefangen und
35 behebet daz si nút fúrbas uf gont? Die entwurte

---

* *Schmidt* 99.

112, 2—114, 22 *sind im Original verloren gegangen.*
32 heſt] ist.

ſprach: daz wil ich dir sagen; der angel domitte der
bóſe geiſt diſe menſchen hebet daz iſt daz diſe
menſchen gerne hettent ettewas troſtes oder etwas
bekennendes von gotte also andere menſchen hant.
Der menſche ſprach: ach herzeliep mins, daz wonde 5
ich nút, es wer gar zůmole gůt daz der menſche
eine gůte begirde hette. Die entwurte ſprach: du
solt wiſsen daz dine rede noch gar einfeltig iſt; ich
wil dir sagen, ich ſpriche nút das dirre menſchen
begirde bóſe si, aber du solt wiſsen daz es nút daz 10
neheſte iſt domitte men zů deme urſprunge kumen
mag, und wil dir sagen die sache, du solt wiſsen
die sache iſt, also ſchiere also diſe * menſchen troſtes
und befindendes von gotte begerent also andere
menſchen hant, daz iſt nút daz neheſte und iſt ein 15
fúrborgen heimelich gebreſte daz sich der menſche
andern menſchen wil gelichen und got nút lot sine
werg wurken wie er wil und wo er wil und mit
wemme er wil. Der menſche ſprach: ach herzeliep
mins, es iſt villihte sache daz diſe menſchen nút 20
beſsers bekennede sint. Die entwurte ſprach: du
solt wiſsen daz es diſe menſchen wol bekennent und
wiſsent es óch wol, und lont in doch den bóſen geiſt
heimeliche einen angel werfen in ire begirde domitte
si der bóſe geiſt vohet und behebet daz si nút fúrbas 25
ufgont noher zů deme urſprunge. Der menſche ſprach:
(38ᵇ) ach herzeliep mins, ich habe diſe menſchen gar
gerne gesehen die uffe diseme sehſten felse wonende
sint; sage mir, herzeliep mins, sint diſe menſchen nút
des fegefúres lidig? Die entwurte ſprach: daz wil 30
ich dir sagen; du solt wiſsen, werdent diſe menſchen
mitme tode uffe diseme sehſten felse funden, so
můsent si óch gros swere fegefúr liden, aber du solt
wiſsen daz dirre menſchen fegefúr gar vil minre und
senfter iſt denne der menſchen die uffe deme fúnften 35
felse wonende sint der hie under uns lit, und du
solt óch wiſsen daz ir ewiger lon vor gotte fere

---

* *Schmidt* 100.

grôſser iſt. Der menſche ſprach: sage mir, herze-
liep mins, wie kumet es oder was iſt der gebreſten
daz dise gûten menſchen in das fegefúr mûsent?
Die entwurte ſprach: daz wil ich dir sagen, die
5 sache iſt daz dise menſchen der naturen heimelichen
gesûch noch nút zû grunde hant geleret bekennen
noch ŏch nút zû grunde hant abegeleit. Der menſche
ſprach: ach herzeliep mins, wie wer daz eine so
grose notdurft daz ich und alle menſchen der naturen
10 heimelichen gesûch lertent bekennen und es ŏch
denne úrvolgetent mit demme lebende.

Hie het dise sehſte rede von diseme sehſten felse
ein eude, und hebet nu hienoch ane zû redende
von den menſchen die uffe deme súbenden felse
15 wonende sint.

* Die entwurte ſprach: tûn uf dine ŏgen und sich
úber dich. Der menſche was gehorsam und sach
úber sich, und siht daz der súbende fels gar grúwe-
liche hohe lit obe deme sehſten felse, und sach daz
20 gar wunder lúzel menſchen von deme sehſten felse
ufgiengent zû deme súbenden felse; die selben
menſchen, wie lúzel ir was, wenne si obenan] (39ª)
an den fels koment, so fielent si also gar geswinde
herwidder abbe, das dirre menſche gros wnder drabe
25 nam; und bleip ŏch also gar zûmole lúccel menſchen
uffe dieseme súbenden felse, das abber dirre menſche
wnder drabe nam und ſprach: sage mir, herceliep
mins, was iſt der meinungen das uffe dieseme
súbenden felse also gar zûmole lúccel menſchen
30 blibent? herceliep mins, mir iſt das gar lúccel men-
ſchen uffe demme súbenden felse wonnende sint;
sage mir, herceliep mins, was menſchen sint wonnende
uffe demme súbenden felse? Die entwrte ſprach:
dûn uf dinne ŏgen und sich ueber dich. Der menſche
35 was gehorsam und sach ꝟber sich; in demme selben

* *Schmidt* 101.

worte was dirre menſche uffe demme ſúbenden felse
und sach umbe sich, und siht das dirre ſúbende fels
also gar ſchenne und also gar wit was widder allen
den felsen die er for gesehhen hetthe, und was abber
der menſchen also gar lúccel die irre wonunge uffe 5
demme ſúbenden felse hetthent, fere minre denne er
for uffe keimme felse gesehhen hette; abber wie
lúccel dirre menſchen was, so worent si doch also
gar lihtfar ſchenne annezúsehhende und also gar
minnenkliche widder allen den menſchen die er for 10
gesehhen hette, das dirre menſche gros wnder drabe
nam, und ſprach: sage mir, herceliep mins, was
menſchen sint diese menſchen die hie uffe dieseme
ſúbenden felse wonnende sint? Die entwrte ſprach:
das wil ich dir sagen; du solt wiſsen das diese 15
menſchen die uffe dieseme ſúbbenden felse wonnende
sint, das das menſchen sint die sich gotte hant ganc
und gar zů grúnde gelosen, und hant ŏch einen
gancen ſtetten feſten willen das si an gotte ſtette
blibben wellent unce in iren dot, und diese menſchen 20
sint ŏch alle cit besorget wie si irre nattúre ge-
trůckent also fere si irre beſchei*denheit bewiset;
diese menſchen werent ŏch gerne gotte gehorsam in
allen sachhen, was si bekanthent das got von in
wolte habben, demme woltent si gerne gehorsam sin, 25
es wer mit uſsewendigen minnewerken odder abber
mit eime indewendigen warnemmenden erneſte zů
warthende was got fan in han wolthe. Der menſche
ſprach: sage mir, herceliep mins, was iſt der sachen
das diese menſchen also gar minnenkliche liehtfar 30
ſchenne sint annezúsehhende widder allen den men-
ſchen die ich for gesehhen habbe? Die entwrte
ſprach: das wil ich dir sagen; du solt wiſsen das
got het sinne lihtriche gnode mit diesen menſchen
gedeilet und het diese menſchen úrlúthet mid sinner 35

---

* *Schmidt* 102.

10 die ich for er for: ich for *ausgestrichen.*   16 súbbende.

gnoden, dis ilt die sache das diese menſchen also
ſchenne sint annezůsehhende widder den andern
menſchen die du for gesehhen heſt. Der menſche
ſprach: sage mir, herceliep mins, sint dis die men-
5 ſchen die do sint kůmen zů irme urſprunge? Die
entwrte ſprach: das wil ich dir sagen: du solt wiſsen
(39ᵇ) das diese menſchen noch gar hohe und gar
fere zů demme urſprunge hant. Der menſche ſprach:
ach herceliep mins, mich het wnder was der sachen
10 si das diese menſchen nůt kůmmen sint zů irme ur-
ſprunge. Die entwrte ſprach: das wil ich dir sagen; du
solt dich dis nůt losen wnder habben; ich wil dir sagen,
du solt wiſsen das der menſchen gar lůccel und gar
wennig in diesen citen iſt die do irre wonunge vor
15 demme urſprunge hant, also du noch selber sehhen
solt. Der menſche ſprach: sage mir, herceliep mins,
was iſt der sachen das diese grosen menſchen geirret
und gehůndert werdent das si nůt ufgont zů irme
urſprunge? Die entwrte ſprach: das wil ich dir
20 sagen, die sache iſt das der bese geiſt einen ſtarken
grosen hocken het in diese menſchen geſchlagen
domitte er si behebet das si nůt fůrbas ufgont. Der
menſche ſprach: sage mir, herceliep mins, was iſt
der meinunge das der bese geiſt in diese grosen gůthen
25 menſchen sůnderlinge einen hocken het geſchlagen
und in die andern menſchen einen angel geworfen
het? Die entwrte ſprach: das wil ich dir sagen:
der bese geiſt iſt gar zů grůnde * sere uebbele er-
ſchrocken abbe diesen menſchen und het grosen
30 angeſt und grose forthe das er diese menſchen alzů-
mole fůrlirre und imme ungont und zů demme ur-
ſprunge kůment. Der menſche ſprach: sage mir,
herceliep mins, was iſt der sachen domitte der bese
geiſt diese menſchen hebbet und si nůt fůrbas uf
35 lot gon zů irme urſprunge? Die entwrte ſprach:

---

* *Schmidt* 103.

31 fůrlirre *auch sonst.*

das wil ich dir sagen, die sache iſt das diese menſchen
die lihtriche gnode von gotte unpfangen hant und
gebrůchent die zů ettelichen cithen heimmelliche in
irre nattůren mit manniger hande wise, und dis
nemment si nút zů grůnde war also si ſchůldich sint   5
zů důnde; du solt wiſsen diese menſchen gebrůhent
die getteliche liehtriche gnode zů fil in lůfte irre
nattůren das si es selber nút wol gemerken kůnent,
abber der bese geiſt der der rotgebbe iſt der iſt gar
behende, der merket es wol; ich wil dir sagen, so 10
diese menſchen nút befintlichen troſt von gotte be-
findent, so gont si zů und unpfohent das grose er-
wirdige sackermente, gottes lichome, in der meinungen
das si gerne troſt von gotte befůndent. Der menſche
ſprach: ach hercekliches liepliches liep mins, mir iſt, 15
was diesen menſchen kůmmet zů liddende das meggent
si gerne und gewillekliche lidden, in der meinungen
das si ir herceliep selp selber in irre selle unpfohent.
Die entwrte ſprach: du biſt noch zů einfeltig, du
solt wiſsen es iſt nút also du wenneſt, es iſt nút 20
das noheſte; du solt wiſsen du můst noch andere
menſchen sehhen die durch diese dinc alle úrſtorben
sint; ich wil dir sagen, du solt wiſsen das diese
menſchen die uffe dieseme súbenden felse wonnende
sint gebrůhent diesen lůſt und ǒch andern lůſt zů 25
fil heimmellich in [(40ᵃ) ire naturen unde nement
sin nút zů grunde war also si ſchuldig sint zů tůnde.
Der menſche ſprach: ach herzeliep mins, mich úr-
barment das dis also gůte menſchen sint und sich also
kleine dinc lont irren. Die entwurte ſprach: ich wil 30
dir sagen, wie kleine dich dise dinc dunkent, so
můsent doch dise menſchen von ires luſtes wegen,
daz si die gnode zů vil gebruchent heimeliche in ire
naturen gros fegefúr liden, aber doch fere minre
denne die menſchen * liden můsent die do wonende 35

* *Schmidt* 104.

117, 26—120, 20 *sind im Original verloren gegangen.*

sint uffe deme sehſten felſe der under diseme felse
lit, und iſt ŏch ir ewiger lon vor gotte gar ferre
grŏſser denne der menſchen die uffe deme sehſten
felse wonende sint. Der menſche ſprach: ach herze-
5 liep mins, ich sihe nu wol daz gar kleine dinc den
menſchen mŏgent irren daz er nút mag kumen zŭ
sime urſprunge, und dunket mich daz selber gar ein
billich und múgelich dinc.

Hie het dise súbende rede von diseme súbenden
10 felse ein ende, und hebet nu hienoch ane zŭ redende
von den menſchen die do wonende sint uffe deme
ahſten felse.

Die entwurte ſprach: tŭn uf dine ŏgen und sich
úber dich. Der menſche was gehorsam und sach
15 úber sich, und siht daz der ahſte fels also gar
grúwelich wunderliche hohe lit obe deme súbenden
felse, und sach daz gar zŭmole wunder lúzel menſchen
ufgiengent von deme súbenden felse zŭ demme ahſten
felse, und die selben menſchen, wie gar lúzel ir was,
20 wenne si obenan an den ahſten fels komment, so
kertent si das hŏbet also gar geswinde umbe und
fielent denne also gar geswinde meiſterig alle mit
einander herwider abe und bleip ir alzŭmole lúzel
uffe deme ahſten felse daz dirre menſche gros wunder
25 drabe nam unde ſprach: sage mir, herzeliep mins,
was iſt der meinungen das also gar zŭmole lúzel
menſchen uffe diseme ahſten felse blibende iſt? sage
mir, herzeliep mins, was menſchen wonent uffe diseme
ahſten felse der hie obe uns lit? Die entwurte
30 ſprach: tŭn uf dine ŏgen und sich. In deme selben
worte was dirre menſche uffe deme ahſten felse unde
siht umbe sich und siht uffe dem ahſten felse gar
vil lieplicher ſchŏner lúhtender menſchen denne er
vor ie gesehen hette, und ſprach: ach herzeliep mins,
35 wie bin ich dirre gesihte so gar fro; ach herzeliep

22 meiſterig 'meistens' kann ich sonst nicht nachweisen.

mins, dise menſchen gent mir me frôden und craft
denne die menſchen die (40ᵇ) ich vor gesehen habe
uffe deme súbenden felse der under dieseme felse lit.
Die entwrte ſprach: * ich wil dir sagen, du heſt nút
unrehte gesehen, wenne dise menſchen sind gotte gar 5
liebe menſchen. Der menſche ſprach: sage mir, herze-
liep mins, was menſchen sint dise menſchen die hie
uffe diseme ahſten felse wonende sint? Die entwurte
ſprach: daz wil ich dir sagen; du solt wiſsen, die
menſchen die hie uffe diseme ahſten felse wonende 10
sint, daz sint menſchen die dise andern felse alle
úberſtigen hant und hant sich nu gotte also gar zů-
mole zů grunde gelosen und ŏch geben, was got mit
in tůn wil in zit und in ewikeit, daz si sich do in
zů grunde wellent losen und wellent gotte gehorsam 15
sin. Der menſche ſprach: ach herzeliep mins, nu bin
ich noch ferre frŏwer denne ich vor waz; ach herze-
liep mins, wer eht dirre menſchen nuwent vil. Die
entwurte ſprach: sage mir, wie solte dirre menſchen
vil gesin? du siſt doch selber wol daz men gar lúzel 20
menſchen findet die sich dirre zittelichen natúrlichen
dinge ein ganzes ſtettes fúrlŏken wellent haben irme
gotte alleine zů eren; sage mir, die menſchen die
denne in deme zitlichen ein ganzes fúrlŏcken nút
mŏgent haben, wie soltent aber die menſchen ie mer 25
derzů komen daz si des ewigen lidig ſtůndent? Der
menſche ſprach: ach herzeliep mins, ich gedenke die
menſchen die nu lebent daz die also reht dorehte
sint daz si nút unwennent, so du ſpricheſt men mŭse
aller natúrlicher zitlicher dinge ein ganzes fúrlŏcken 30
haben, so wennent si villihte daz si alles ir zitlich
gůt enweg mŭsent geben und úrſchrekent denne drabe.
Die entwurte ſprach: daz wil ich dir sagen; du solt
wiſsen daz es wor iſt, wer zů disen menſchen komen
wil die uffe diseme ahſten felse wonende sint, der 35
mŭs e alles sins liplichen gůtes lidig werden. Der
menſche ſprach: sage mir, herzeliep mins, wie ge-

* *Schmidt* 105.

meineſt du daz? Die entwurte ſprach: daz wil ich
dir sagen; wer zů dirre geſelleſchaft kumen wil der
můs sin liplich gůt haben als obe er es nút unhette,
und můs sin also lidig und also unangenumen ſton
5 daz ime daz lipliche gůt me eine fúrderunge zů gotte
si denne eine húnderunge; welle menſchen also ir
natúrlich liplich gůt hant, die menſchen be*habent
es ŏch wol, und iſt daz sache daz si sich nút dine
findent minnende noch meinende, si behabent es gotte,
10 und hant si keine eiginſchaft dran, got der úrlŏbet
wol disen menſchen daz si ire lipliche notdurft dervon
nement und daz andere alle ior mit gotte teilent des
es ŏch iſt. Der menſche ſprach: ach herzeliep mins,
siſt gedanket und gelobet alles gůtes; ach herzeliep
15 mins, wie bin ich so gar fro sider ich dise menſchen
gesehen habe die uffe diseme ahſten felse wonende
sint, und iſt daz sache daz ich getruwe daz dis die
menſchen sint die zů irme urſprunge kumen sint.
Die entwurte ſprach: daz iſt nút wor; du solt wiſsen
20 daz dise menſchen noch hohe] (41ᵃ) zů demme ur-
ſprunge hant; abber ich wil dir sagen, diese menſchen
das sint fere die nehheſten menſchen demme urſprunge
die du noch gesehhen heſt. Der menſche ſprach:
sage mir, herceliep mins, was iſt der sachen das
25 diese menſchen also gar ſchenne lúthent widder allen
den menſchen die ich for gesehhen habbe? Die
entwrte ſprach: das wil ich dir sagen, diese menſchen
hant gar fil groser wnderlicher liehtricher gnoden
von gotte unpfangen widder allen den menſchen die
30 du for gesehhen heſt; du solt wiſsen das got diese
menſchen grose wnder het gelosen sehhen, abber
alles in bildericher forme unce an ein dinc das iſt
ueber bilde. Der menſche ſprach: sage mir, herce-
liep mins, was iſt das eine dinc das du diese
35 menſchen loſt sehhen das ueber bilde iſt? Die ent-
wrte ſprach: das wil ich dir sagen; diesen menſchen
wrt zů etthelichen cithen ein fil wnder kleinnes

blickelin ufser demme urfprunge und das selbe kŭnent
si zŭ keinnen bilden bringen noch mit keinnen worthen
usgefprechen. Der menfche fprach : herceliep mins,
mir ift das diese menfchen demme feggefúre un-
trŭnnen sint. Die entwrte fprach: das ift nút wor; 5
du solt wifsen es ift nút also du gedenkeft; du solt
wifsen das diese menfchen ŏch in das feggefúr
mŭsent. Der menfche fprach: ach herceliep minnes,
mŭsent diese menfchen in das feggefúr, das het mich
gros wnder; sage mir, herceliep mins, was ift der 10
sachen das diese menfchen * ŏch in das feggefúr
muesent und ŏch nút zŭ demme urfprunge kŭmen
megent? Die entwrte fprach: das wil ich dir sagen;
die sache ift das der bese geift zwenne ftarke grose
hocken het in diese menfchen gefchlagen domitte er 15
si behebbe iewedder sitte einen das si imme nút
untrinnent, und ift das sache das der bese geift gar
wnderliche sere abbe diesen menfchen urfchrocken
ift, und ift das ŏch sache das der bese geift gar
wol bekennede ift das diese menfchen uffe die ge- 20
rehte gewore ftrosse kŭmen sint; und du solt wifsen
das der bese geift in grosen forthen ift, behŭbe er
si nút gar fafte, das si imme untrúnnent. Der
menfche fprach: sage mir, herceliep mins, was ift
der sachen das der bese geift diese menfchen súnder- 25
linge mit zweigen grosen hocken hebbet? Die ent-
wrte fprach: das wil ich dir sagen; der eine hocke
domitte der bese geift diese menfchen hebbet, das
ift das diesen menfchen des urfprunges ein fil wnder
wennig ingebligked het, und diese menfchen sint mit 30
begirden drŭf gefallen das sú sin gerne me hetthent.
Der menfche fprach: ach herceliep mins, si (41ᵇ)
bekennent fillihthe kein befsers und wennent fillihthe
nút es si das nehhefte. Die entwrte fprach: das wil
ich dir sagen; du solt wifsen das es nút das nehhefte 35
ift; und ift das sache das diese menfchen noch ette-
was fúrborgennes inblickendes willen gar fúrbergen-

---

* *Schmidt* 107.

liche bi in hant den si noch selber nút wol be-
kennede sint und in ŏch nút zŭ grŭnde úrthettet
hant. Der menſche ſprach: sage mir, herceliep mins,
was iſt der andere grose hocke domitthe der bese
5 geiſt diese menſchen hebbende iſt das si nút zŭ
demme urſprunge kŭmen mĕgent? Die entwrte ſprach:
das wil ich dir sagen; du solt wiſsen das got het
diese menſchen gar grose wnderliche fremmede wege
gefŭret und het si gelosen sehhen grose wnderliche
10 fremmede wnder, abber alles in bilderichher forme,
und dis hant diese menſchen gar heimmelliche und
gar fúrbergenliche mit eiginſchaft beseſsen das sis
selber nút bekennent, abber got der bekennet es
wol, und got gedar diesen menſchen nút getrŭwen
15 das er in diese lúſtliche gnode underzúge und si in
* fúrbúrge, got mŭs dirre menſchen ſchonnen, und
iſt das sache das got gar wol bekennende iſt iren
heimmellichen grŭnt der do ettewas fúrborgen lit in
der nattŭren, der doch diesen menſchen gar unbekant
20 iſt; sich, dis iſt der andere hocke domitte der bese
geiſt diese menſchen hebbet das si nút zŭ demme
urſprunge kŭmen meggent. Der menſche ſprach:
ach herceliep mins, mir iſt es mŭsent gar zŭ grŭnde
gelosene úrſtorbenne menſchen sin und mŭsent irre
25 nattŭre zŭ grŭnde urthetthet habben und mŭsent den
weg der nattŭren zŭ grŭnde úrkennen mit liehtricheme
underſcheide, ebbe si iemer hin noher kŭment zŭ
demme urſprunge. Die entwrte ſprach: das wil ich
dir sagen; du solt wiſsen, das dir erſt das lieht der
30 rehthen worheithe in gerothet lúthen; ich wil dir
sagen, du mŭſt die rehtſchŭldige menſchen noch
selber sehhen. Der menſche ſprach: ach herceliep
mins, din wille werde follebroht; liebes herceliep
mins, mich úrbarmet das diese grosen úrlúthenten
35 menſchen ŏch in das feggefúr mŭsent. Die entwrte

* *Schmidt* 108.

34 úrlúthentent.

ſprach: los dinne úrbermede abbe geggen diesen
menſchen; wer ir eht fil in der criſtenheite, es ſtůnde
deſte bas umbe die criſtenheit; und du solt wiſsen
das diese menſchen die hie uffe dieseme ahſten felse
wonnende sint, fere minre feggefúres werdent liddende   5
denne die menſchen die uffe demme súbenden felse
wonnende sint der hie under uns lit, und werdent
ŏch gar (42ª) [vil me ewiges lones vor gotte habende
denne die menſchen die uffe deme súbenden felse
wonende sint. Der menſche ſprach: ach herzeliep 10
mins, mir iſt daz der menſche wol ein frŏliches herze
mŏge haben der mit diner helfe dise grosen hohen
felse alle úberſtigen het.

Hie het die ahſte rede von diseme ahſten felse
ein ende, und hebet hienoch ane zů redende von den 15
menſchen die do uffe deme núnden felse wonende
sint do der urſprung uffeblickende iſt.

Die entwurte ſprach: tůn uf dine ŏgen unde sich
mit frŏden úber dich. Der menſche was gehorsam
und sach úber * sich und sach an den núnden fels, 20
und siht daz der núnde fels also gar grúweliche hohe
lag daz disen menſchen duhte daz er mit not dran
gesehen mŏhte; disen menſchen duhte ŏch wie der
núnde fels also gar hohe were anezůsehende, also
ſtůnde er zů aller oberſt an deme himmele; dirre 25
menſche sach ŏch daz also gar zůmole wunder lúzel
menſchen von deme ahſten felse den weg ufgiengent
zů deme núnden felse, daz dirre menſche gros wunder
drabe nam, und die selben menſchen, wie lúzel ir
was, so si obenan an den núnden fels koment, so 30
fielent si also gar geswinde mit einander herwider
abe, rehte also obe si zů tode werent gefallen. Hie
sach dirre menſche ŏch daz sich dise menſchen gar
dicke und gar vil wogetent, und also dicke sich

---

* *Schmidt* 109.

123, 8—126, 2 *sind im Original verloren gegangen.*

dise menſchen wogetent und denne obenan an den
núnden fels koment, so fielent si also dicke her-
wider abe; dirre menſche sach ŏch daz gar wenig
ieman uffe deme núnden felse bleip, also disen
5 menſchen duhte, er wúſste es nút fúr eine worheit,
so duhte in daz kume uffe drú menſchen uffe den
núnden fels koment zů blibende; dis hette disen
menſchen ein gros sunder wunder was dis were und
waz ez meinde, und ſprach: sage mir, herzekliches
10 liepliches liep mins, sage mir waz iſt diz grose
wunder daz ich hie sihe? Die entwurte ſprach:
sage mir waz siſt du denne dovon du also grose
wunder nimeſt? Der menſche ſprach: herzeliep mins,
do sihe ich also hohe also ich gesehen mag und
15 sihe mit not kume an den núnden fels, und sihe
ŏch daz also gar zůmole wunder lúzel menſchen
disen weg ufgont daz es mich wunder het, und die
selben menſchen, wie lúzel ir iſt, so die obenan an
den fels koment, so fallent si also gar geswinde
20 mit einander herwider abe also obe si zů tode
werent gefallen, und hant dis dicke und vil fúrsůcht
und fielent alles also dicke herwider abe, und si
tůnt rehte gelich also nieman uffe deme núnde felse
wonende si; herzeliep mins, mich duhte daz kume
25 uffe drú menſchen uffe den fels kement zů blibende;
sage mir, herzeliep mins, und beſcheide mich drus
waz dis wunder si daz ich hie gesehen habe. Die
entwurte ſprach: daz wil * ich dir sagen; du heſt
selber wol gesehen daz der fels gar hohe iſt, so
30 weiſt du ŏch selber wol, (42ᵇ) was hohe iſt zů
ſtigende daz wurt deme menſchen an der erſte ſwere
zů ſtigende, dovon iſt dis sache daz sich gar lúzel
menſchen in disen ziten zů grunde wellent wogen
unze in den tot, dovon iſt ŏch dis die sache, wenne
35 es beſchiht daz dise menſchen die in disen ziten
lebent kument obenan an den núnden fels und úber
in sehent und anesehent der menſchen leben die

* *Schmidt* 110.

uffe deme núnden felse wonende sint, so úrſchreckent
si und fallent gar geswinde herwider abe. Der
menſche ſprach: herzeliep mins, ich hôre wol do
sint ŏch menſchen uffe deme núnden felse, ich fúr-
sach mich daz wenig ieman uffe deme núnden felse 5
solte wonende sin. Die entwurte ſprach: du solt
wiſsen, daz ŏch menſchen uffe deme núnden felse
wonende sint, ir iſt aber gar zŭmole lúzel. Der
menſche ſprach: sage mir, herzeliep mins, iſt denne
der núnde fels also kleine und also enge daz also 10
lúzel menſchen duffe wonen mag? Die entwurte
ſprach: tŭn uf dine ŏgen und sich mit frôden úber
dich. In diseme selben worte was dirre menſche
uffe deme núnden hohen felse und sach umbe sich
und siht daz der fels also gar grúweliche gros und 15
wit und ſchône anezŭsehende iſt, daz dirre menſche
gros wunder drabe nam; disen menſchen duhte,
werent alle die felse zŭsamenne ein fels gesin die
er vor ie gesach, noch denne hettent si in nút alle
zŭsamenne also gros und also wit und also ſchône 20
geduht also dirre núnde fels alleine waz; aber disen
menſchen nam gar gros wunder daz also gar zŭmole
lúzel menſchen ire wonunge hettent uffe diseme
witen ſchônen minnenklichen felse; aber wie lúzel
dirre menſchen uffe diseme núnden felse was, so 25
unphieng doch dirre menſche me frôden und troſtes
abe ire gesihte und von ire gegenwertikeit denne er
vor unpfangen hette von allen den menſchen die er
uf allen felsen gesehen hette, werent si ioch alle bi
einander gesin, wenne dirre menſchen wandel was 30
also gar liepliche und also gar minnenkliche ſchône
und lúhtende anezŭsehende, daz disen menſchen gros
wunder nam waz menſchen * dis werent. Der menſche
ſprach: sage mir, herzeliep mins, was menſchen sint
dise menſchen daz ir also gar zŭmole lúzel iſt, und 35
si doch uffe eime also gar grosen ſchônen witen
minnenklichen felse wonende sint? Die entwurte

* *Schmidt* 111.

ſprach: daz wil ich dir sagen; got der het diſen
fels nût also geordent daz also lúzel] (43ª) menſchen
duffe wonnen solthe; ich wil dir sagen, got der het
diesen núnden fels geordent das gar fil menſchen
5 duffe wonnen solthent ebbe si sich bereithen derzů
wolthent; ich wil dir sagen, uffe dis felses ende ſtot
die phorthe die do get in den urſprunc do alle be-
ſchaffene dinc sint us beſchaffen in himmel und in
erden. Der menſche ſprach: sage mir, herceliep
10 mins, was iſt der meinungen das diese menſchen
uſsewendig an irre nattûren also gar kranc sint
annezûsehhende und indewendig sint si annezû-
sehhende also ſchenne liethe engelle? Die entwrte
ſprach: das wil ich dir sagen; du ſpricheſt diese
15 menſchen sint uſsewendig an irre nattûren annezû-
sehhende also si gar kranc sint; sage mir, solthent
diese menſchen nút kranc sin worden ebbe si diese
hohen herthen grosen felse alle ueberſtiggen hant?
du solt wiſsen das in diesen menſchen ein einiges
20 treffelin blûthes und markes nút blibben iſt, es si
alles fúrderet und fúrdorben und úrſtorben; nů ge-
denke selber ebbe diese menſchen nút kranc solthent
sin annezûsehhende. Der menſche ſprach: ach herce-
liep mins, zúrne sin nút, wenne mich het dis einne
25 fremmede redde das du ſpricheſt, in diesen menſchen
si alles ir nattúrlich blût und marg fúrdoret und
fúrdorben und vrſtorben; ach herceliep mins, zúrne
sin nút das ich redde, und sage mir wie meggent
denne diese menſchen das lipliche lebben habben?
30 Die entwrte ſprach: das wil ich dir sagen; durch
des willen diese menſchen hant fúrzeret blût und
marc, der selbe herre git in fúr das unreine unkúſche
blût und marc reinne lûther blût und march; sage
mir, wilt du es nů glôben? Der menſche ſprach:
35 io ich, herceliep mins, ich glôbe es nů und bekenne
wol das du alle dinc fúrmaht. Die entwrte ſprach:
nů iſt doch in dir selber alles din blût * und marc

---

* *Schmidt* 112.

fúrdorben und úrſtorben; sage mir, werzů heſt du
denne also gar kintliche gefreget? Der menſche
ſprach: ach herceliep mins, ich bekenne wol das dir
alle dinc offen sint und dir nút fúrborgen iſt, so
ſpriche ich das mit rehther worheite das ich nút 5
unweis noch nút unbekenne das ich ie troffen blůthes
durc dinnen willen fúrzerethe, und bekenne wol und
weis das wol das du, herceliep, alles din blůt durch
mich heſt fúrgoſsen und alles din geeddere in dimme
libbe heſt zůrzeret durch minnen willen; ach herce- 10
liep mins, was meinneſt du hiemitte, sol ich ŏch min
blůt durch dinnen willen usgieſsen? Die entwrte
ſprach: das wil (43ᵇ) ich dir sagen, du solt es nút
důn, es werde dir denne vrlŏbet, wenne din blůt und
din marc iſt fúrderet. Der menſche ſprach: ach 15
herceliep mins, do weis ich nút fan. Die entwrte
ſprach: das iſt wol wor, es iſt dir fúrgeſsen, und
das es dir fúrgeſsen iſt das het gemaht die ueber-
swenkende getteliche búrnende minne die in dir iſt.
Der menſche ſprach: sage mir, herceliep mins, 20
was iſt der sachen das diese menſchen die uffe
dieseme núnden felse wonnende sint also gar ſchenne
indewendig lúthende sint also liethe engelle? Die
entwrte ſprach: das wil ich dir sagen, got het diese
menſchen also fŏl liehtricher gnoden gegoſsen das 25
es uſser in lúthen můs, und dis wiſsent diese menſchen
nút und si begerent sin ŏch nút zů wiſsende. Der
menſche ſprach: herceliep mins, wer dirre menſche
fil, wenne mir iſt das dis die rehtſchůldigen menſchen
sint? Die entwrte ſprach: das wil ich dir sagen; 30
du solt wiſsen, wie lúccel dirre menſchen sint, so
lot doch got die criſtenheit uffe diesen menſchen
geſton; du solt ŏch wiſsen, werent diese lúcceln
menſchen uſser der cit, das got die criſtenheit an
ſtette liese undergon; ich wil dir sagen, got der 35
gebbe demme besen geiſte lúccefar den gewalt das
er mit demme garne einen ſtarken zúg detthe. Der
menſche ſprach: ach herceliep mins, siſt gelobet das
wir noch solliche menſchen in der cit hant der du

ſchonnen wilt; sage mir, herceliep mins, mir iſt, dirre
menſchen sint also gar lúccel das mich * es wnder
het; sage mir, herceliep mins, was ir ettewenne nút
me denne ir nů in diesen cithen iſt? Die entwrte
5 ſprach: das wil ich dir sagen; du solt wiſsen das
in kůrcen ioren gar fil me menſchen uffe dieseme
núnden felse wonnende worent denne es nů in diesen
cithen důt. Der menſche ſprach: ach herceliep mins,
ich wil mid ůrlobbe redden, so důnked mich das
10 es gar eine grose notturft wer gesin das du diese
menſchen hettheſt hie gelosen der criſtenheithe zů
helfe. Die entwrte ſprach: das wil ich dir sagen,
got der wolte númme lidden das diese menſchen
under dieseme falſchen criſtonfolcke wandeln solten,
15 die do criſtonnammen hant und doch widder alle
criſtenliche ordenunge lebbent. Der menſche ſprach:
sage mir, herceliep mins, was lebbendes hant diese
menſchen die hie wonnende sint uffe dieseme núnden
felse, sage mir, herceliep mins, wiſsent diese menſchen
20 das si demme urſprunge also nohe wonnende sint?
Die entwrte ſprach: (44ª) das wil ich dir sagen; si
wiſsent sin nút fúr die worheit; ich wil dir sagen,
es beſchiht wol zů ettelichen ſtůnden das diesen
menſchen ein kleinnes blickelin wrt gesant uſser
25 demme urſprunge, das si wol ettewas merkende sint
das in ein anders forbligkende und lúthende iſt;
abber ich wil dir sagen, diese menſchen hant sich
gotte also gar zů grunde in demme glŏben gebben
und gelossen, und wenne got diesen menſchen ette-
30 was sůſes troſthes sendet, so úrſchreckent si me
drabe denne so si got lot in demme darbende, und
iſt das sache das si nút anders begerende sint denne
demme bilde criſtus einfeltikliche in demme glŏben
nochzůfolgende. Ich wil dir sagen, diese menſchen
35 minnent noch meinnent keinnen troſt und begerent

---

* *Schmidt* 113.

14 solte.

öch keins troſtes; diese menſchen hant sich also gar
einfelteckliche und also gar lútherliche in den glöben
gekeret, das si nút meinnent zů wiſsende noch keinne
begerunge hant noch wiſsende; diese menſchen sint
öch also gar zů grůnde demůtig das si sich selber 5
unwrdig dunkent aller gettelicher heimmelicher treſt-
licher gobben und hant öch keinne begirde dernoch.
Der menſche ſprach: sage mir, herceliep mins, hant
diese * menſchen denne keinne begirde? Die ent-
wrte ſprach: das wil ich dir sagen; du solt wiſsen 10
das diese menſchen keinne begirde hant noch keinnen
dingen denne alleinne wie die ere gottes follebroht
mehthe werden; ich wil dir sagen, diese menſchen
hant sich gotte also gar zů grůnde gebben und ge-
losen, was got mit in selber důt und mit allen 15
dingen, das gefellet in alles wol; gid got diesen
menſchen, si lont es gůt sin; nimmet got diesen
menſchen, si lont es abber gůt sin; diese menſchen
ſtont in allen dingen die got gethůt unangenommen.
Ich wil dir sagen, diese menſchen úrſchreckent me 20
abbe sůſe denne abbe sůre, und iſt das sache das
si das crúce minnent. Der menſche ſprach: sage
mir, herceliep mins, hant diese menſchen noch forthe?
Die entwrte ſprach: das wil ich dir sagen, diese
menſchen hant keinne forthe der hellen noch keinne 25
forthe des feggefúres, noch keinne forthe das si nút
in das himmelriche kůment, noch keinne forthe des
dodes noch des lebbendes noch der besen geiſte; du
solt wiſsen das diesen menſchen alle forthe abbe iſt
gefallen, onne alleinne eine kintliche forthe; die kint- 30
liche forthe iſt nút anders denne das si důnked das
si demme bilde criſtus nút also follenkůmmenliche
nochfolgent also si selber důnked das si ſchůldich
sint zů důnde, und diese kintliche minneliche forthe
iſt öch dirre menſchen feggefúr. 35
    Der menſche ſprach: ach herceliep mins, ich kan
von rehther minnender búrnender frĕden die ich in

* *Schmidt* 114.

9

minner ſelle befinde von (46ᵇ) gesihthe dirre men-
ſchen dich nûme freggen. Die entwrte ſprach: so wil
abber ich dir selber me sagen von diesen menſchen
die hie uffe dieseme núnden felse wonnende sint;
5 ich wil dir sagen, du solt wiſsen, das diese menſchen
also gar zů grûnde demûtige menſchen sint und hant
sich selber und alle irre werc die si ie gewarthent
also gar zůmole fúrkleinnet und fúrnúthet, das si
des dûnked das si billiche und mûgeliche solthent
10 sin under allen creatûren, und si gederent sich selber
keinner creatûren gelichen wedder in cit noch in
eewikeit. Ich wil dir sagen, diese menſchen hant
alle menſchen in gotte geliche * liep, und welle
menſchen got minnent die minnent ŏch si. Diese
15 menſchen sint ŏch der welte zů grûnde dot, und iſt
ŏch die welt zů grûnde in in dot; in diesen menſchen
sint alle irre fúrnúmftigen werg und wisen úrſtorben
die si mit eiginſchaft uebenthent und beseſsen hetthent.
Ich wil dir sagen, dis sint menſchen die got minnent
20 und meinnent mit allen irme dûnde und mit allen
irme losende, und findent sich selber wedder minnende
noch meinnende wedder in cit noch in eewikeit. Ich
wil dir sagen, diese menſchen hant sich selber zů
grûnde fúrlorn und alle creatûren mit in und alles
25 das ie beſchaffen wart, es si in cit odder in eewikeit.
Ich wil dir sagen, diese menſchen lebbent in demme
unwiſsende und si begerent ŏch nút zů wiſsende.
Ich wil dir sagen, diese menſchen hant noch nút in
den urſprunc gesehhen und si begerent ŏch nút drin
30 zů sehhende, und iſt das sache das si sich sin alzů-
mole unwrdig dûnked. Ich wil dir sagen, durch
diese menſchen sind die besen geiſte gefarn mit aller
der hande bekorunge die men úrdenken kan und der
ein deil ueber menſchliche sinne was, und si hant
35 keinne begerunge anders welle si in got widderumbe

---

* *Schmidt* 115.

31 *lies* dûnkend.

gebben, wenne das sʾ si mid frĕden wellent widder
unpfohen. Ich wil dir sagen, dis sint menſchen den
alle creatŭren in der cit crúce sint gesin und hant
si durchlitten, und gebbe in got das crúce widder
so wolthent si es mit frĕden unpfohen, und iſt das 5
sache das si wol bekennede sint das in ir here und
ir got for iſt gangen mit demme crúce, anders be-
gerent si ŏch nút zů gonde unce in iren dot; ich
wil dir sagen dis sint menſchen die der welte umbe
kant sint, abber die welt iſt diesen menſchen gar 10
wol bekant. Ich wil dir sagen du solt wiſsen die
menſchen die uffe dieseme núnden felse wonnede
sint das sint die rehtſchŭldigen menſchen und sint
die geworen annebetter die den fatter annebettent
in demme geiſte und in der worheithe. Der menſche 15
ſprach: ach herceliep mins, mir iſt eine [(45ᵃ) forhte
ingefallen, beſcheide mich drus, herzeliep mins. Die
entwurte ſprach: sage mir was iſt der sachen? Der
menſche ſprach: daz wil ich dir sagen; ich han
* gedaht an daz evangelium do daz wort inne ſtot, 20
men ſŏlle die edellen margrithen nút under die swin
werfen, und ich fŏrhte daz sich etteliche menſchen
werdent ſtosende und ergernde die dis bŭch lesende
werdent. Die entwurte ſprach: das bevilch gotte des
es ŏch iſt, und ſtant du ın keiner forhte; du solt 25
wiſsen daz dise hinderſte lere die do von diseme
núnden felse geſchriben ſtot núzzer unde weger iſt
der criſtenheit denne alles das andere das an diseme
bŭche geſchriben ſtot, und wil dir sagen die sache
werumbe das iſt; die sache iſt, und kemme ein 30
menſche zů dirre geselleſchaft die hie uffe diseme
núnden felse wonende sint, der eine menſche were
gotte lieber und werder und wer der criſtenheit ŏch
núzzer denne tusent andere menſchen die uffe den

---

* *Schmidt* 116.

1 *zwischen* sʾ si *nochmals* das, *übergeschrieben.* 9 f. *lies*
unbekant. 131, 16—134, 4 *sind im Original verlore*n *ge-*
gangen. 26 hund'tost *K.*

nidern felsen sint, daz ungelosene menſchen sint und
uſser ir selbes wisen lebent.

Der menſche ſprach: herzeliep mins, ich wil noch
ein wort mit urlobe zů dir ſprechen; herzeliep, mir
5 iſt und fȯrhte ȯch, die menſchen die sich villihte
nút ergerent abe disen dingen, die werdent aber
grose wunder nemende und wurt si ȯch gar eine
frȯmede unverſtandenne rede habende, so si werdent
lesende von disen nún felsen. Die entwurte ſprach:
10 daz wil ich dir sagen, ich weis wol daz ez vil un-
verſtandenne menſchen wurt wunder habende, aber
wo fúrſtandenne gȯtteliche menſchen sint, die merkent
wol das men die ding mit bilden můs zůbringen,
anders der menſche wůſte waz ez were, wenne got
15 iſt zů gros, kein menſchlich sin mag sin nút be-
griffen; sage mir, du ſpricheſt, du fȯrhteſt daz ein
teil menſchen dise rede werde habende fúr eine un-
verſtandenne frȯmede rede daz ich dich habe ge-
heiſsen ſchriben von disen nún felsen; sage mir,
20 men findet doch noch menſchen in der zit die mit
lebende derzů sint kumen daz si dis wol fúrſtont,
ist ir ioch lúzel; sage mir, hette ich dich geheiſsen
ſchriben von den nún kȯren der engelle unde wie
der engelle geſtalt were, daz wer in denne erſt eine
25 unverſtandenne frȯmede (45ᵇ) rede gesin, wenne ire
menſchliche sinnelich fúrnunft mȯhte sin begriffen
nút haben. Der menſche ſprach: sage mir, herzeliep
mins, mag * kein menſche anders zů deme urſprunge
kumen, er habe denne e eine wonunge bi disen
30 menſchen uffe diseme núnden felse gehebet? Die
entwurte ſprach: io ez beſchach sant paulus, aber
er můſte dernoch ein swere crúce tragen unze in
sinen tot und můſte do derzů daz hȯbet drumbe
geben; ich wil dir sagen, der ungeůbeten tugende
35 iſt nút gar wol zů getruwende, und sunderlinge in

---

* *Schmidt* 117.

14 wist nitt *S*.

disen ziten vil minre denne ir in ettewie vil hundert
iaren ie wart; ich wil dir sagen, der aller sicherſte
weg der were daz der menſche dise herten grosen
hohen felse mit ůbungen in rehter gelosenheit alle
ůberſtige unze daz er keme uffe disen nůnden fels, 5
so keme er denne erſt zů ettewaz friden. Der menſche
ſprach: ach herzeliep mins, wie fôrhte ich daz so vil
menſchen so vil iare sint umbe gelôffen und irre
sint gangen daz si nie kundent kumen zů disen
fridesamen menſchen die hie uffe diseme nůnden 10
felse wonende sint. Die entwurte ſprach: du solt
wiſsen daz du rehte wore wort geret heſt, und sunder-
linge in disen ziten so sihſt du und bekenneſt selber
wol daz gar zůmole lúzel menſchen die rehte ſtrose
wellent ufgon. Der menſche ſprach: sage mir, herze- 15
liep, und beſcheide mich selber drus was der sachen
si daz so rehte lúzel menſchen die rehte ſtrose in
disen ziten ufgont. Die entwurte ſprach: sage mir,
sihſt du oder bekenneſt du út vil menſchen in disen
ziten die grose begirde dernoch hant daz si môhtent 20
wonen bi disen menſchen die hie uffe diseme nůnden
felse wonende sint? Der menſche ſprach: ach herze-
liep mins, mir iſt daz men noch vil menſchen in der
zit finde die do begerende sint daz si gerne eine
wonunge hettent mit den menſchen die uffe diseme 25
nůnden felse wonende sint. Die entwurte ſprach:
daz iſt wol wor, si hant wol grose begirde dernoch
das si gerne kement zů der geworen geselleſchaft,
môhte es in werden noch iren willen und mit iren
wisen; aber ich wil dir sagen, si griffent der werke 30
nút anne die dise menſchen hant die hie uffe diseme
nůnden felse wonende sint. Der menſche ſprach:
sage mir, herzeliep mins, sint dise menſchen des fege-
fúres lidig worden, die * menſchen die hie wonende
sint uffe diseme nůnden felse? Die entwurte ſprach: 35
daz wil ich dir sagen, du solt wiſsen, wele menſchen
blibent wonende uffe diseme nůnden hohen felse unze

* *Schmidt* 118.

in iren tot, die sint erſt denne dez fegefúres lidig.
Der menſche ſprach: ach herzeliep mins, ich bin
ettewas abe dirre rede úrſchrocken; sage mir, herze-
liep mins, daz dise menſchen ŏch mŏgent] (46ª) ge-
5 fallen das het mich wnder. Die entwrte ſprach:
lo dich dis nút wnder habben, wenne es iſt gar
digke beſchehhen das dirre menſchen eins von die-
seme núnden hohen felse hinabbe fiel und fiel eins
falles unce zů aller underſt under das garn. Der
10 menſche ſprach: sage mir, herceliep mins, was was
denne der sachen derumbe diese grosen gůthen
menſchen also swinde und also diefe under das garn
fielent? Die entwrte ſprach: das wil ich dir sagen,
du solt wiſsen, die menſchen die do also swinde
15 herabbe sint geſtosen das si abbe dieseme hohen
felse fielent under das garn, das solt du wiſsen das
worent menſchen die in den besen geiſt liesent [in]
rothen das etthewas wolgefallendes in in selber uf-
ſtŭnt und demme nút widderſtŭndent also si ſchůldich
20 worent zů dŭnde; herumbe wart ŏch der bese geiſt
mit aller sinner geselleſchaft fúrtribben und herabbe
geſtoſsen. Ich wil dir sagen, welle menſchen von
dieseme núnden hohen felse herabbe werdent ge-
ſtosen, die menſchen das werdent die aller ſchedde-
25 licheſten menſchen die in der criſtenheithe wonnende
sint; ich wil dir sagen die sache werumbe es iſt:
die sache iſt das diese menſchen hant unpfangen
von gotte die grose liehtriche gnode, und gont denne
der und kerent das lieht also fere si denne kŭnnent
30 und megent in eine andere falſche wise domitte si
die criſtenheit fúrirrent; du solt wiſsen, die criſten-
heit mehthe diese menſchen fil lieber ſchůhen und
fliehen denne die besen geiſte. Du solt wiſsen
das not dette allen einfeltigen criſtonmenſchen
35 das si fúr sich selber warnemment in diesen
cithen, wenne das uncrŭt gerotet gar faſte uf-
gon. Der menſche ſprach: ach herceliep mins, mich
het wnder das der bese geiſt gedar gewandeln bi
diesen grosen gůthen menſchen die hie uffe dieseme

* núnden felse wonnende sint. Die entwrte fprach:
dis lo dich nút wnder habben, wenne got wart selber
fúrsûht von den besen geiften; ich wil dir sagen, der
befe geift úrfchricket abbe den menfchen die in den
urfprunc hant gesehhen, und derumbe lot er doch 5
nút abbe, er fúrsûhet an si ebbe er út an in finden
megge. Der menfche fprach: ach herceliep mins, so
sihhe ich nû wol das sich nieman darf annemmen das
er des besen geiftes liddig worden si. Die entwrte
fprach: das ift wor, die wille felle und lip binander 10
ift, so lot der bese geift nút abbe, er hangent noch.

Der menfche fprach: sage mir, herceliep mins,
wie liep und wie wert heft du diese menfchen die
hie uffe (46ᵇ) dieseme hohen núnden felse wonnende
sint? Die entwrte fprach: das wil ich dir sagen, 15
du solt wifsen, got der het diese menfchen also liep
und also wert fúr alle menfchen, ich wil dir sagen,
und wer es das es befchĕhe das dirre menfchen eins
wrde got bitthende fúr eine sache, und wer es denne
mûgeliche das alle die menfchen die in der criften- 20
heithe wonnende sint alle mitthenander wrdent got
bitthende uffe einne ftûnde ŏch fúr die selbe sache,
so wil ich dir sagen, wolthe denne got antwedders
der betthe geweren, so wil ich dir sagen, so ge-
werthe got fere lieber den einigen menfchen der 25
uffe dieseme núnden felse wonnende ift, denne er
gewerthe die criftenheit mittenander die dergegene
betthent. Der menfche fprach: ach herceliep mins,
ich befinde das min herce in mime libe fert fpillende
von frĕden von dirre menfchen annegesihthe; ach 30
herceliep mins, so mir von dirre menfchen geggen-
werthikeit also fil frĕden wrt, ach herceliep mins,
was mag denne der frĕden gesin so men dich onne
alle húndernis eewekliche niesende und in foller
frĕde anfchoewende wrt. Die entwrte fprach: diese 35
redde lo sin, wenne ich wil dir dirre redde nút

---

* *Schmidt* 119.

11 *lies* hanget.

entwrthen, und ift das sache und wer es mûgeliche
das ein menfche alleine hetthe aller der menfchen
sinne die ie uf ertriche komment odder iemer druf
kûmen sellent, der menfche mehthe nochdenne nût
5 mit allen sienen sinnen nût be*griffen die aller
minnefte frĕde die got het mit sinnen frúnden in der
eewigen frĕden; dofan lo diese froge abbe und fregge
númme dernoch; fregge du noch der criftenheithe
und sich an wie gar sercliche es ftot umbe die
10 criftenheit. Der menfche fprach: ach herceliep mins,
do mag ich arme snede creatûre nût zû gedûn; ach
herceliep mins, wer dirre grosen menfchen fil die
uffe dieseme nûnden felse wonnende sint, das detthe
not das si fúr die criftenheit betthent. Die entwrte
15 fprach: das wil ich dir sagen, du solt wifsen das
also gar zûmole lúccel menfchen uffe dieseme hohen
nûnden felse wonnende sint, das sol die criftenheit
zû etthelichen cithen wol gewar werden. Der menfche
fprach: ach herceliep mins, ich getrûwe diener grûde-
20 losen barmehercikeite wol, die wille dirre menfche
eins in der cit ift das du dich úrbarmeft ueber die
criftenheit. Die entwrte fprach: das wil ich dir
sagen, du solt wifsen, wenne es die [(47ª) gerehtikeit
gottes númme liden wil und es denne got zit dunket,
25 so nimet got disen menfchen alle ire craft und allen
iren gewalt zû bittende, daz dise menfchen denne
númme fúr die criftenheit gebitten mõgent. Der
menfche fprach: ach herzeliep mins, ich getruwe nût
daz die zit noch hie si daz du die welt loft under-
30 gon, und ift daz sache daz mir ift daz die zal noch
nût erfúllet ift. Die entwurte fprach: daz ift wol
wor, die zale ift noch nút erfúllet daz got die welt
welle losen mit einander undergon; aber ich wil dir

---

* *Schmidt* 120.

5 sienen *aus ursprünglichem* sinnen *gebessert, doch ist* e
*nicht ganz sicher und vielleicht nur Tilgung beabsichtigt, so
daß* sinen *zu lesen wäre.* 19 f. grûdelosen *vgl. oben zu* 44, 26.
136, 23—139, 12 *sind im Original verloren gegangen.*

sagen, got der lies zů einen mole von súnde wegen
die welt undergon unze an ahte menſchen, und kam
doch von den ahte menſchen eine andere núwe welt;
sage mir, gelŏbeſt du daz got den selben gewalt noch
haben mag? Der menſche ſprach: ach herzeliep 5
mins, ich gelŏbe ez nút alleine, ich weis es ŏch wol
daz du alle ding fúrmaht. Die entwurte ſprach: du
solt wiſsen daz got súnderlinge in disen ziten claget
abe der criſtenheit, und iſt daz sache daz er meinet
daz alle gerehte gewore criſtenliche ordenunge also 10
gar zůrgangen sint; du solt wiſsen daz es got die
lenge nút liden wil. Der menſche ſprach: ach herzek-
liches * liepliches liep mins, iſt es din wille, so gen
wir dirre rede ende; ich fŏrhte anders daz wir zů
fere mit dirre rede kument und zů lang werde. Die 15
entwurte ſprach: sage mir, waz iſt denne diner
meinunge daz du nu frogen wilt? Der menſche
ſprach: sage mir, herzeliep mins, wie lange loſt du
dise menſchen uffe dieseme núnden hohen felse ligen,
die ir blůt und ir marg hant fúrderret und ertŏttet 20
dir zů einen eren? Die entwurte ſprach: sage mir,
was iſt diner meinungen? Der menſche ſprach:
herzeliep mins, mine meinunge iſt daz du mir sageſt
wie lange du dise menſchen loſt ligen uffe diseme
núnden felse obe du si in den geworen urſprung 25
loſt sehen. Die entwurte ſprach: daz wil ich dir
sagen, du solt wiſsen daz got lot ettelichen menſchen
in den urſprung sehen obe er uffe disen núnden fels
kumet, deme můs es aber dernoch gar sure werden
unze in sinen tot, also ŏch sant paulus beſchach; so 30
lat got ettelichen menſchen in den urſprung sehen,
so er erſt uffe den núnden (47ᵇ) fels kumet, so lot
er ettelichen menſchen ligen uffe diseme núnden
felse zwe iar oder drú iar, so lot got ettelichen
menſchen hie ligen fúnf iar und ettelichen zehen 35

---

* *Schmidt* 121.

25. 28 obe *'ehe'*, s. *Erstes Heft S.* 98 *zu* I, 17, 8.

iar, so lot got ettelichen menſchen hie uffe diseme
núnden felse ligen zů dorende unze an iren tot, und
lot si denne erſt in den urſprung sehen so si an ir
ende kument, so lot got ettelichen menſchen hie
5 ligende zů dorende daz ime der urſprung nút wurt
ufgeton bi sime lebende, got der fúrhebet den ur-
ſprung unze an die ſtunde daz die sele von deme
libe kumet.

Abe dirre rede nam dirre menſche grose wunder
10 und ſprach: sage mir, herzekliches liepliches liep
mins, waz iſt dirre meinungen daz du dise menſchen
die hie uffe deme núnden felse wonende sint also
gar ungeliche in den urſprung sehen loſt? Die
entwurte ſprach: do solt du nút noch frogen, ez
15 gehôrt dir ôch nút an zů wiſsende, wenne es iſt ein
heimeliche fúrborgen gôtteliche werc, und du solt
es der ordenunge gottes billich bevelhen, wenne got
der weis wol und bekennet wol waz eime iegelichen
menſchen zůgehôrt und ôch waz ime núzze und * gůt
20 iſt. Der menſche ſprach: ach herzeliep mins, ich
weis wol und bekenne wol daz ich der ordenunge
gottes alle ding bevelhen sol und daz ſchuldig bin
zů tůnde; wer es aber daz ich es nút schuldig were
zů tůnde, so wolte ich es doch von minnen ge-
25 willekliche und gerne tůn. Die entwurte ſprach:
sich an wie gar lúzel gotte gelosene gehorsamene
menſchen in disen ziten sint, one alleine die gar
lúzeln menſchen die hie uffe diseme núnden hohen
felse wonende sint. Der menſche ſprach: ach herzek-
30 liches liepliches liep mines, wilt du nút zúrnen daz
ich armer súnder dich bitten wil? Die entwurte
ſprach: ich wil dir sagen, wilt du bitten so solt du
got bitten einer múgelichen bette. Der menſche
ſprach: ach herzekliches liepliches liep mins, ich be-
35 kenne wol daz die bette die ich dich bitten wil gar
unzitig iſt und ôch gar zů frůge iſt und es ôch an
mir gar eine unmúgeliche bette iſt, aber, herzeliep

---

* *Schmidt* 122.

mins, ich bekenne daz wol daz ez dir gar mŭgeliche
iſt zŭ tŭnde. Die entwrte ſprach: nŭ sage an, waz
iſt dine bette. Der menſche ſprach: ach einiges
herzeliep mins, so wolte ich dich bitten und wer
es din wille daz du mich lieseſt wonen bi disen 5
menſchen die hie wonende sint uffe diseme nŭnden
felse; ach herzeliep mins, nŭt zŭrne dirre bette, ich
bekenne daz wol daz ich zŭ kranc und zŭ sŭndig
derzŭ bin; ach herzeliep mins, iſt es din wille so
hilfe mir daz ich dirre menſchen armer kneht mŏge 10
sin, und daz selbe bekenne ich wol daz ich sin gar
zŭmole unwirdig bin. Die entwurte ſprach:] (48ᵃ)
ich wil dir sagen, du solt wiſsen das got gar zŭ-
mole gŭt iſt mit demŭtikeit zŭ ueberwindende, ich
wil dir sagen, got der het annegesehhen nŭt alleinne 15
dinne wort die du geret heſt, er het ŏch annegesehhen
das din herce und dinne selle vol demŭthekeit und
fŏl minnender geloſsenheithe iſt fere me denne du
es mit worthen usgeſprechen kanſt; herumbe wil got
nŭt benŭgen das er dich welle seccen zŭ dirre ge- 20
selleſchaft, du mŭſt ŏch in den urſprunc selber sehhen.
   * Nŭ dŭn uf diene inren ŏgen und sich. Der
menſche ŭrſchrach von grŭnde sins hercen und ſprach:

----

   * Schmidt 123.

   21 nach sehhen (davor selber von gleicher Hand darüber-
geschrieben) ist mit gleicher Tinte, mit der das Ganze ge-
schrieben, ein verweisendes Kreuz (✕) gesetzt, zum Zeichen,
daß hier etwas ausgefallen ist; ein Nachtrag ist in der jetzigen
Gestalt des sog. Autographs nicht vorhanden, doch mag bemerkt
werden, daß das diesem (48.) Blatte vorausgehende (47.) wie
folgende (49.) Blatt fehlt und nur von junger Hand des
18. Jhs. ergänzt vorliegt. Das, was K. Schmidt in der Anm.
S. 122 f. als Zusatz bezeichnet, steht in sämtlichen Hss. und
Drucken des kürzeren Traktates, Merswins Vorlage, auch in
GKmm (Schmidt 123, 29 disi hindrost K) und im Gr. Memorial
(Rieder 37*, 41—43); es handelt sich im sog. Autograph also
nur um einen zufälligen Ausfall, dem nachträglich abgeholfen
werden sollte. Daß dies geschehen, läßt sich jetzt nicht mehr
feststellen. Rieders Ausführungen (Gottesfreund S. 101 ff.)
haben mich nicht überzeugen können, s. Zeitschr. f. deutsche
Phil. 39, 122 f.

ach herckliches liepliches liep mins, du úrſchreckeſt
mich von grŭnde mins hercen und minner sellen das
du mir diese dinc alles zŭleiſt und ſpricheſt ich si
demŭtig und si ein gelosen menſche und du welleſt
5 mich derzŭ in den urſprunc losen sehhen; ach
herckliches liepliches liep mins, was meinneſt du
hiemitte? Ich weis doch wol und bekenne doch
wol das ich nút únhahbe denne von dir und nút
min iſt, es iſt alles din; ach herceliep mins, úrlos
10 mich dirre eren. Die entwrte ſprach: ich wil dir
sagen, du solt wiſsen, also got den besen geiſten
geſtattet das si sinne frúnt bereithent, also dŭt ŏch
got selber etthelichen sinnen frúnden und lŭget ebbe
út unkrŭthes in in waſsende si, das er das usgetthe.
15 Nŭn dŭn uf diene ŏgen und siſt gehorsam und sich
in den ŭrſprunc. Der menſche ſprach: ach herck-
liches liepliches liep mins, ich begere an dich von
grŭnde mins hercen und minner sellen also fere ich
begeren mag und ŏch sol, und also fere es ŏch din
20 wille si, so bitte ich dich, herceliep mins, das du
mich arme unwrdige creatŭre dirre grosen wrdekeithe
urloſt. Die entwrte ſprach: dirre rede und dirre
betthe dŭn dich rehthe abbe, wenne es unmag nút
anders sin, wenne du mŭſt noch fúrbas ſchribben
25 alles das men mit worthen usgeſprechen mag und
ŏch menſliche sinne begriffen meggent. Der menſche
ſprach: ach herckliches liepliches liep mins, mich
het gar gros wnder was du domitthe meineit das du
mich arme snede unwrdige creatŭre wilt loſsen in
30 den urſprunc sehhen, das du * dienen grosen frúnden
also gar lange cit heſt fúrborgen die so lange cit
dir noch sint (48ᵇ) gangen uffe dieseme núnden
hohen felse und mit so groser langer ſtrenger
uebungen heruf sint kŭmen. Die entwrte ſprach:
35 du solt gehorsam sin und gip dinnen willen hiezŭ,
du solt wiſsen das dir diese gesihthe gar sŭre mŭs
werden mit bittherme liddende vor dime dode. Der

---

* *Schmidt* 124.

menſche ſprach: ach herceklicheſ liepliches liep mins,
mit dirre redde twingeſt du mich, und iſt das sache
das du, herceliep mins, in lidden biſt gangen durch
dins armen knehthes willen, so iſt es gar billiche
und gar mŭgeliche das der kneht ŏch nút lidden   5
fliehe; nŭ wol her, herceliep mins, dŭn mit mir armen
menſchen in cit und in eewikeit was du wilt.

In diesen selben worthen do dirre menſche sinnen
willen also gar zŭ grŭnde gotte ufgap, in demme
selben ŏgenbligke wart diesen menſchen die phorthe 10
des urſprunges ufgethon, und wart dirre menſche ge-
losen in den ursprunc sehhen; abber diesen menſchen
dŭthe wie diese gesihthe kŭme werthe eines einigen
ŏgenbligkes lanc. Do es do beſchach das diese ge-
sihthe uskam und diese gesihte ende hette, do fant 15
sich dirre menſche also gar zŭ grŭnde zŭmole fŏl
frĕden und liethes das dirre menſche fon imme selber
kam und das er fan dieser cit nút me unwoſte; do
dirre menſche do widder zŭ imme selber kam und
widder zŭ imme selber gelosen wart, do fant sich 20
dirre menſche also gar zŭmole fŏl liethes und also
gar zŭmole fŏl indewendiger frĕden, und was die
frĕde also uebermeſsig gros das dis menſchen nattŭre
vol ueberswenkender frĕden wart, das dirre menſche
vrſchrach abbe dirre frĕden; und von dirre ueber- 25
swenkender frĕden wart dirre menſche kranc an
sinner nattŭren. Dirre menſche satthe sich dernidder
und gedohte in imme selber: wo biſt du gewesen
odder was iſt dis wnders das du gesehhen heſt, das
diene selle und ŏch diene lipliche nattŭre also gar fŏl 30
ueberswenkender frĕden worden iſt? Dirre menſche
sas lange also in imme selber zŭ [(49ᵃ) gedenkende;
ie mer dirre menſche hie noch gedohte, ie minre er
wúſte was ez waz; dirre menſche nam * sich an er
wolte von disen dingen ſchriben, also er ŏch geheiſsen 35

---

* *Schmidt* 125.

141, 32—144, 24 *sind im Original verloren gegangen.*

waz; do unkúnde noch enmŏhte er mit aller siner
sinnelichen fúrnunft von deme minneſten nút ge-
ſchriben daz er gesehen hette, und waz daz sache
daz er es zů keinen worten kunde bringen; dirre
5 menſche nam sich ane er wolte es leren mit bilden
und mit formen leren bekennen, do kunde er noch
mŏhte es nút zů bringen, und waz daz sache daz ez
waz úber alle bilde und forme; do nam sich dirre
menſche an er wolte dernoch gedenken und wolte
10 es leren mit der fúrnunft und mit den sinnen be-
griffen, do waz ez gar fere úber alle sine fúrnunft
und úber alle sine sinne; do nam sich dirre menſche
an er wolte also dike und also vil dernoch gedenken
unze an die ſtunde daz er ettewaz lerte bekennen;
15 ie mer er darnoch gedohte, ie minre er bekante, und
was daz sache daz ez gar wite und gar fere waz
úber alles sin bekennen und úber alles daz er ie
gehorte oder ie fúrſtůnt; ie me dirre menſche noch
disen dingen gedohte, ie minre er wůſte waz ez
20 was, dirre menſche nam gros wunder abe disen
dingen und ſprach: ach herzekliches liepliches liep
mins, sage mir waz du hiemitte meineſt; du ſpreche
ich můſte in den urſprung sehen und můſte denne
ſchriben alles daz men mit worten zůbringen mŏhte
25 und alles daz men mit den sinnen begriffen mŏhte;
nu heſt du mich gelosen sehen gar grose wunder-
liche lúſtlich wunder, aber waz es iſt daz kan ich
mit keinen worten uzgeſprechen, und han gar dike
und gar vil dernoch gedoht und kan mit aller miner
30 fúrnunft und mit allen minen sinnen ein einiges wort
weder gesagen noch dervon geſchriben, und kan
ŏch nút geſchriben wo ich gewesen bin oder waz
ich gesehen oder gehŏret habe, unze an ein ding
daz bekenne ich wol und bevinde es ŏch wol, herze-
35 liep mins, daz iſt daz min herze und mine sele also
gar vol úberswenkender frŏden worden iſt daz ich
abe der frŏden ettewas erſchrocken bin, und iſt
daz sache daz ich grose erbeit haben můs daz ich
die frŏde ingebere daz si nút under den lúten un-

geſtúmekliche usbreche. Die entwurte ſprach: daz
solt du wiſsen daz du * daz ſchuldig biſt zů tůnde
also fere du maht, und iſt daz sache daz die men-
ſchen die nu lebent die fúrwerfent die gŏttelichen
goben, und iſt daz sache daz si ir ŏch nút bekennent. 5
Der menſche ſprach: ach herzeliep mins, und be-
kantent alle criſtonne menſchen was friden und
frŏden men in der zit mŏhte finden, ich getruwe daz
gar vil menſchen herzů illetent und hernoch iagetent.
Die entwurte ſprach: daz (49ᵇ) wil ich dir sagen, 10
du solt wiſsen fúr die rehte worheit daz der menſche
wol in dirre zit derzů kumet daz er in einer ſtunden
me rehter frŏden von gotte befindet denne alle die
dorehte welt in aller ire naturen ie befant oder
iemer bevinden mag; wer es múgeliche daz ein 15
menſche aller menſchen natúrliche frŏde hette, die
frŏde wer nochdenne nút zů zallende gegen der
frŏden die got het uffe eine ſtunde mit sinen frúnden
hie in der zit. Der menſche ſprach: ach minnendes
herzeliep mins, mich het wunder daz mir min herze 20
in mime libe nút zůrſpringet von frŏden; ach herzek-
liches liepliches liep mins, getar ich dich mit urlobe
gefrogen daz du mir sageſt waz daz iſt das ich ge-
sehen habe und es doch mit aller miner sinnelichen
fúrnunft ein einiges wort nút kan dervon geſprechen 25
noch dervon geſchriben. Die entwurte ſprach: daz
wil ich dir sagen, du solt wiſsen fúr die rehte worheit
daz du in den urſprung gesehen heſt, und wil dir
sagen me, es het dich gros wunder daz du es nút
zů worten bringen maht und es ŏch mit diner sinne- 30
lichen fúrnunft nút begriffen maht, ich wil dir sagen,
lo dich diz nút wunder haben, du solt daz wiſsen
fúr die rehte worheit, wer es múgeliche daz ein
menſche aller der menſchen sinne hette die ie uffe
das ertriche koment oder iemer druf kumen sŏllent, 35
der menſche mŏhte nochdenne mit aller menſchen
sinne daz minneſte nút begriffen daz du gesehen

---

* *Schmidt* 126.

heſt; denne dovon tůn dich rehte abe díner sinne-
lichen gedenke, wenne ie me du hienoch mit sinnen
gedenkeſt, ie minre du sin begriffen maht, wenne
daz du gesehen heſt daz iſt über alle menſchliche
5 sinneliche fúrnunft und iſt mit keinen dingen zů
begriffende. Der menſche ſprach: ach her*zeliep
mins, ich gerote nu selber wol fúrſton daz ez also
iſt daz du zů gros biſt daz dine werg nút mit den
sinnen sint zů begriffende, aber, herzeliep mins, ich
10 gedohte allez deme worte noch daz du ſpreche, ich
můſte in den urſprung sehen und můſte denne
ſchriben waz men mit worten oder mit sinnen fúrſton
môhte; ach herzeliep mins, iſt es din wille so be-
ſcheide mich was du mit den selben worten meindeſt,
15 und beſcheide mir ôch wo ich gewesen bin, also vil
also ich es mit den sinnen begriffen mag. Die ent-
wurte ſprach: daz wil ich gerne tůn und wil dich
bewisen also fere du es mit worten und mit sinnen
begriffen maht; ich wil dir sagen wo du biſt ge-
20 wesen, du solt wiſsen daz dine sele het gesehen in
iren urſprung do si und alle beſchaffene ding sint
us beſchaffen; ich wil dir sagen me, do dine sele in
den urſprung gesach, do wart si von rehter über-
swenkender frôden also gar] (50ª) fro das ir alle
25 beſchaffene dinc abbefillent und ir der ſcheffer aller
beſcheffede alleine zů eime gemahhel wart; ich wil
dir sagen me, du biſt gewesen in der grosen er-
wrdigen ſchůle do der heilige geiſt inne ſchůlmeiſter
iſt; und wil dir sagen, do diene selle in die ſchůle
30 kam do sach si das die ſchůle vol briefelin lach die
alle fôl gewores liethes underſcheides anneſtůnt; ich
wil dir sagen, do diene selle diese briefe annegesach,
do wart si gar fro und wart ôch gar grittig und
ſpranc ſon frôden under diese briefe und walthe sich
35 umbe und umbe in diesen briefen unce das si rehthe
fôl gewores liethes underſcheides wart; ich wil dir
sagen noch me, du solt wiſsen do diene selle in

---

* *Schmidt* 127.

diese grose erwrdige ſchůle kam, do nam si der grose
ſchůlmeiſter und ſchenkede dinner sellen und ſchůtthe
diene selle also gar fŏl ueberswenkender minnen
das die minne uebberflos und flos in diene lipliche
nattůre.   5
   Der menſche ſprach: ach minnenriches herceliep
mins, wer ich nůt ein also důmber unfůrſtandener
menſche gesin, ich mehte dirre dinge wol mit dinner
helfe onne freggen etthewas selber fůrſtanden han. Die
entwrte ſprach: das sage mir was diener meinungen si. 10
Der menſche ſprach: ach herceliep * mins, was sol
ich dir sagen? du fůrſtoſt und weiſt alle meinungen
wol; ach herceliep mins, minne meinunge iſt, also
ſchirre do du mich geliese in den urſprunc sehhen,
do befant ich in minner sellen und in minner nattůren 15
eine nůwe ueberswenkende minne; und wil dir sagen,
herceliep mins, mine meinunge iſt das ich in miener
sellen befant eine minne das si die sellen in demme
feggefůr also gar uebele wrdent urbarmende das si
gerne hette alles das gelitten das alle sellen in 20
demme feggefůre solthent lidden, in der meinungen
das si ůrliddiget wrdent; do befant ich ŏch in minner
nattůren eine minne das widder alle nattůre iſt, und
wil dir sagen, herceliep mins, was minner meinungen
iſt; minne meinunge iſt, also ſchirre do ich in den 25
urſprunc gesach, do befant ich an ſtette das mir din
lidden und din dot also gar liep wart das minne
lipliche nattůre grose minne und grosen gommer
gewan noch liddende das si gerne hette gelitthen,
das doch widder alle nattůre iſt; herceliep mins, mine 30
lipliche nattůre gewan ŏch also gar grosen minnenden
gommer noch liddende, das minne nattůre gerne und
gewilleklicke gelitthen hetthe den aller ſchemme-
licheſt ſchentlicheſten dot den men kůnde odder
mehthe in der cit ůrdenken, wer es din wille gesin 35

---

* *Schmidt* 128.

17 mine meinunge miene meinunge.

dieme dode zů eren; herceliep mins, ich fant ŏch
minne (50ᵇ) lipliche nattůre also gar gewillig zů
liddende das si gerne hette gelitthen fůr alle sůnder
und fůr alle menſchen was mit dienen willen affe
5 die nattůre gefallen were. Die entwrte ſprach: ich
wil dir sagen, du solt wiſsen das du diese ueber-
swenkede nattůrlichen gobben heſt gehollet in der
hohen grosen erwrdigen ſchůle do der heilige geiſt
ſchůlmeiſter inne iſt; ich wil dir sagen, du solt
10 wiſsen das kein menſche niemer mag kůmen zů der
rehthen geworen hohen grosen getthelichen minnen,
er finde sich denne ſtonde uffe dieseme grothe. Nů
sich umbe dich wie fil der menſchen in diesen cithen
si, die sich findent uffe dieseme grothe ſtonde. Der
15 menſche ſprach: wer es din wille, so wolte ich mich
gerne in die eewige helle losen dir zů einen eren,
in der meinungen das allen menſchen diese dinc
also bekant * werent also du mir si von dinner
grůndelosen ůrbermede und von minner krancheithe
20 wegen heſt zů bekennende gebben. Die entwrte
ſprach: das wil ich dir sagen, du solt wiſsen, woltent
die menſchen die in diesen cithen lebbent ires eigins
willen kůnliche liddig werden und wolthent sich
menliche und kůnliche wogen ueber diese nůn hohen
25 grosen herthen felse, welre menſche sich gotthe also
gar fůrweggenlich wolthe gebben, got hůlfe imme
also wol also dir. Der menſche ſprach: ach herce-
liep mins, ich weis keinen menſchen in der cit, ich
gůnde es imme rehthe also wol also mir selber;
30 liebes herceliep mins, mich het gros wnder das ich
so grose wnderliche unſprechliche frelliche wnder in
mir befinde; sage mir, herceliep mins, wo kůment
mir her den die unſpreclichen grosen wnder die ich
in mir befinde? Die entwrte ſprach; das wil ich dir
35 sagen, du solt wiſsen das es des ſchůlt iſt das du

----

* *Schmidt* 129.

3 liddendende.

bift gesin in der grosen hohen erwrdigen fchůle do
men grose wnder inne fchŏwet. Der menfche fprach:
minnendes hercekliches liepliches liep mins, mich het
súnderlinge gros wnder das du mit mir armen sneden
unwrdigen ungelebethen und ungeuebethen creatůren 5
also gar ueberswenkende grose frelliche wnder wrkeft.
Die entwrte fprach: ich rote dir das du dich nút zů
fil loft uffe die grose wnderliche frellicheit die got
in dir wrkende ift in geifte und in nattůre; und wil
dir sagen die sache: du solt wifsen, die sache ift 10
wenne got wil und wenne es in cit důnked, so
nimmet dir got alle diese lúftlichen richen gobben
und machet dich also arm und also unwifsende, rehthe
also ebbe du von (51ª) gotte nie nút befůnden
hettheft. Der menfche fprach: ach minnendes herce- 15
liep mins, zúrne sin nút das ich zů dir redden wil;
ach liebes herceliep mins, ich fpriche das mit wor-
heithe das du mir also rehthe liep worden bift das
mir nút unift das du mit allen dieme gewalte megeft
gedůn das mir leit si. Die entwrte fprach: sage 20
mir wie gemeinneft du dis? Der menfche fprach:
herceliep mins, minne meinunge ift das du mir bift
also gar zů grůnde rehthe liep worden, alles das du
gedůft das * gefellet mir also gar zů grůnde und
zůmolle wol, und wer es das ich wnfches gewalt 25
hette, ich kůnde sin anders nút begeren noch ge-
wnfchen, und alles das du mir důft das gefellet mir
zůmole wol; gift du mir, das ift mir liep, nimmeft
du mir, das ift mir abber liep. Die entwrte fprach:
lůge umbe dich und sich fúr dich selber, sage mir 30
weift du nút wie sant pheter befchach? der hetthe
ŏch gar fil fúr wegenheith, und do er do derzů kam
das es an die not ginc, do fant er gar lúccel fúr-
můgenheithe. Der menfche fprach: ach minnendes
herceliep mins, ich bekenne und weis das wol, 35
alles das ich habbe und alles das ich bin das
das din ift und nút min ift, dofan solt du důn

---

* *Schmidt* 130.

mit demme dinnen in cit und in eewikeit was
du wilt.

Die entwrte ſprach: důn uf diene ŏgen und sich
ueber diese felse abbe und sich hinabbe under das
5 garn das ueber die welt gezogen iſt. Der menſche·
was gehorsam und sach uebber diese hohen felse
herabbe und siht under das garn, und sach die
menſchen an die criſton nammen hant und doch
lebbent widder alle gewore criſtenliche ordenunge,
10 und sach ŏch das under diesen selben dorehthen
debbigen menſchen wandelthent zwei menſchen, der
eine menſch was also gar durch ſchenne und also
gar lieht annezůsehhende und ginc lúthende under
demme garne also ein liether engel; der ander
15 menſche der was abber also gar durch swarc und
also gar finster annezůſehhende also ein beser geiſt,
wenne das er doch eins menſehen bilde hetthe.
Der menſche ſprach: ach minnendes herceliep mins,
was menſchen sint diese zwei menſchen, odder was
20 meinungen iſt dis das der eine menſche also gar
ſchenne lúthet und der ander menſche also gar
swarc finſter iſt? Die entwrte ſprach: was freggeſt
du mich me? du heſt doch selber von gotte lieht-
richen underſcheit unfangen. Der menſche ſprach:
25 ach minnendes herceliep mins, die wille ich dich
geggenwertig bi mir habbe, so begere ich an dich,
also fere es din wille iſt, so begere ich es von diener
(51ᵇ) geggenwerthikeit selber zů herende. Die ent-
wrte ſprach: sage mir, wie wilt du denne důn so
30 * sich got wrt mit sinner befintlicher geggenwerthi-
keit von dir důnde? Der menſche ſprach: ach
minnendes herce liep mins, alles das ich habbe und
alles das ich bin und alles das ich werden mag, das
iſt din und iſt núme min; das minne das iſt cranc
35 und fŏl gebreſten, dofan solt du und maht du důn
mit demme dinnen in cit und in eewikeit was du
wilt. Die entwrte ſprach: du solt wiſsen das du

---

* *Schmidt* 131.

mich twingeſt mit dinner gelosenheithe das ich dir
fúrbas sagen mûs; ich wil dir sagen, der einne
menſche der under demme garne get und also gar
finster annezûsehhende iſt also ein beser geiſt, das
solt du wiſsen das der selbe menſche sinne wonunge 5
hetthe bi diesen menſchen die hie uffe dieseme núnden
hohen felse wonnende sint. Der menſche ſprach:
ach minnendes herceliep mins, sage mir wie iſt imme
denne beſchehhen? Die entwrte ſprach: das wil ich
dir sagen, du solt wiſsen das dirre menſche wart fúr- 10
tribben und hinabbe geſtosen in der selben meinungen
also lúccefar beſchach; ich wil dir sagen, dirre selbe
menſche fant etthewas wolgefallendes in imme und
hetthe fil redde mit den lúthen uſser sin selbes wol-
gefallende, und wolthe rehthe etthewas von imme 15
selber sin; ich wil dir sagen, du solt wiſsen das dirre
menſche der allerſcheddelicheſten menſchen eins iſt
mit sinner falſchen lere der in der criſtenheite
wandelde iſt; ich wil dir sagen, du solt wiſsen das
dis ſcheddelichen besen menſchen die falſche lere 20
die er dût die iſt me zû fliehende denne alle die
besen geiſte die sin megent. Der menſche ſprach:
ach herceliep mins, iſt dirre falſchen menſchen út
me denne dirre bese menſche alleine? Die entwrte
ſprach: dûn uf diene ŏgen und sich umbe dich. Der 25
menſche was gehorsam und sach umbe sich und sach
durch das garn hin unweg und sach das dirre besen
falſchen menſchen also fil under demme garne ire
wonunge hetthent das es diesen menſchen wnder
nam und úrſchrach ŏch ettewas abbe dirre gesihthe 30
und ſprach: ach minnendes herceliep mins, wie ferthe
ich das diese falſchen menſchen so grosen ſchaden
in der criſtenheithe dûnt. Die entwrte ſprach: du
solt wiſsen das * das wor iſt das es die aller-
ſcheddelicheſten menſchen sint die in der criſten- 35

---

* _Schmidt_ 132.

17 ꝟllerscheddelichesten.

heithe wonnende sint, und ist das sache das si ein-
feltige annefohhende getteliche menschen mit irre
falschen behenden lere (52ᵃ) fúrirrent; du solt öch
wisen das diese scheddeliche falsche heimmeliche
5 lere faste in diesen serclichen cithen gerothet ufgon.
Der mensche sprach: das lo dich úrbarmen, herce-
liep mins; sol dis unkrût obber hant nemmen in
diesen cithen? sage mir, herceliep mins, mehthe men
diese menschen in keinner wise leren bekennen? Die
10 entwrte sprach: ich wil dir sagen, diese falschen
menschen lerent ein fúrborgen heimmelichen semfthen
weg den die nattûre onne das meinnende ist, demme
sint öch die menschen gerne folgende die in diesen
serclichen cithen lebbende sint. Ich wil dir sagen,
15 ich warne dich und lûge fúr dich selben, wenne es
stot gar uebele und gar sercliche umbe die cristen-
heit. Der mensche sprach: ach herceliep mins, mehte
ich das mit mime blûtgiesende gebesser und wer
das din wille, das wolte ich gerne dûn. Ach
20 minnendes herceliep mins, sage mir öch von demme
andern menschen der öch under demme garne get
lúthende also ein liether engel, was öch der meinungen
si. Die entwrte sprach: das wil ich dir sagen, der
andere mensche, der do also schenne ist lúthende
25 under demme garne also ein liether engel, do solt
du wisen das er öch bi dirre gesellesch aft ist gesin
die uffe dieseme núnden felse wonnende sint, und
het in got derzû gelosen in sin ursprunc sehhen do
er us beschaffen ist, und du solt wisen das dirre
30 lúthende mensche von groser erbermede und von
groser ueberswenkender minnen die er zû sime
ebbenmenschen het, hinabbe ist gelösen zû den
súnder under das garn und lûget ebbe er irgent
keinnen súnder mit der helfe gottes mege bekeren
35 das er imme ufser demme garne gehúlfe; ich wil dir
sagen, dieseme lúthenden menschen sint sinne inren
ögen also gar liht worden und sint imme also gar

---

18 *lies* gebessern.

wit ufgethon das er gar fere sehhende worden ift,
und ift gar wol sehhende wie gar swerliche die
criftenheit under demme garne gefangen lit. Und
dirre * menfche het also grose minne und úr-
bermende uebber die criftenheit das er gerne und 5
gewillekliche wolthe einen liplichen ftrengen dot
lidden in der meinungen das er eime súnder ufser
demme garne gehelfen mehthe; und ift das sache
das dirre lúthende menfche gar wol bekennede ift
wie gar ftrenge das úrtheil gotthes noch dirre cit 10
ift, und ift ŏch wol bekennende das got alle
menfchen gar wol úrarnet het mit sime ftrengeu
bitter liddende drú und drifsig ior unce in sinnen
dot. Der menfche fprach: sage mir, minnendes herce-
liep mins, sint dirre lúthenden menfchen út fil in der 15
criftenheithe? Die entwrte fprach: das wil ich dir
sagen, du solt wifsen fúr die rehthe worheit das dirre
lúthenden menfchen die in iren urfprunc gesehhen
hant also gar zůmolle lúccel ift das ich dich si nút
wil losen sehhen, und ift das sache, und wrdeft du 20
si sehhende das ir also gar zůmole lúccel were, du
(52ᵇ) wrdeft von grunde dins hercen besweret und
betrůbet. Der menfche fprach: ach minnendes herce-
liep mins, lo dich úrbarmen das dirre menfchen also
gar lúccel ift und si doch die criftenheit gar wol 25
bedorfte in diesen cithen. Ach minnendes herceliep
mins, du heft mir diese zwei menfchen gar wol
usgerihthet und usbefcheiden; sage mir, herceliep
minnes, hant diese menfchen noch forthe die in
iren urfprunc gesehhen hant? Die entwrte fprach: 30
io si, si hant noch forthe, abber die forthe
die diese menfchen hant das ift eine minne-
liche kintliche forthe; ich wil dir sagen, diese
menfchen hant anders keinne forthe wenne das
si ferthent das si irme heren und irme gotte zů 35
kleinne und zů kúrc důnt und demme bilde criftús
nút noch gont, also si důnked das si fchůldich

---

sint zů důnde, und in dirre selben forthe, wie
kinliche und wie minneliche si ist, so lot si doch
got keinne lenge in der selben forthe; ich wil dir
sagen, diese menschen ferthent wedder helle noch
5 fegefúr, si ferthent ŏch wedder důfel noch menschen,
si hant ŏch keinne forthe das si nút in das himmel-
riche kůment, si hant ŏch keinne forthe me wedder
umbe sterben noch umbe genesen, diesen menschen
ist alle forthe abbegefallen onne alleine diese minne-
10 *liche kintliche forthe, die můsent si habben zů
etthelichen cithen unce in iren dot. Der mensche
sprach: sage mir, hant diese menschen noch zů
liddende die in iren ursprunc gesehhen hant? Die
entwrte sprach: io si hant noch zů liddende und
15 begerent ŏch nút anders wenne demme gewóren
bilde cristus noch zů gonde unce in iren dot; ich
wil dir abber sagen was das greste lidden ist das
diese menschen hant, du solt wifsen das groste lidden
das diese menschen hant das ist das si gar wol be-
20 kennede sint wie gar sercliche es umbe die cristen-
heit stot, und hant denne ein minnelich middelidden
fúr die cristenheit; ich wil dir sagen, diese menschen
sint also gar fol gewóres gettheliches liethes und
sint in ir innewendigen ŏgen also gar withe ufgethon,
25 das si wol sehhent und wol bekennende sint weran
alle menschen clebbent und hangende blibbent das
si nút fúrbas ufgont geggen irme ursprunge; und so
diese lúthende menschen sehhent diese gefangen
clebbenden menschen mid iren eigin wisen und ŏch
30 mid andern sachen, so hant diese lúthende menschen
ein mitthelidden mit diesen gefangen clebbenden
menschen, und dis crúce tragent diese lúthenden
menschen irme hŏbethe cristus mit rehther úrbermede
noch (53ª) unce in iren dot. Der mensche sprach:
35 sage mir, herceliep mins, die menschen die do ge-

Schmidt 134.

2 *lies* kintliche.

sehhen hant in den urſprunc, sint die menſchen fúr-
sichert eewiges lebbendes? Die entwrte ſprach: das
wil ich dir sagen, du weiſt doch selber wol das si
ir selbes in allen dingen sint usgangen und sint mit
gotte eins worden; sage mir, sidder si nů gottes sint 5
worden, wer woltheſt du denne das got mit demme
sinnen kemme? sage mir, wenneſt du das got das
sinne den besen geiſten welle befelhen? Ich wil dir
sagen wie diesen menſchen beſchiht, wenne diese
menſchen úrſterbent so ſchritthet die selle eins 10
ſchrittes uſser der cit in das eewige lebben. Ich
wil dir sagen, got der ſprach zů sante marria
madelene, maria het das beſser deil úrwellet das ir
niemer me benommen sol werden; in demme selben
worte was si fúrsichert eewiges lebbendes. Sage mir, 15
wer woltheſt du das got mit diesen * menſchen
kemme? Ich wil dir sagen, diese lúthende menſchen
die in iren urſprunc gesehhen hant, die mag nieman
getreſten denne got alleine, si unmag ŏch deheinne
creatůre wedder in cit noch in eewikeit getrĕſten 20
denne got selp selber. Der menſche ſprach: ach
minnedes herceliep mins, wol eine treſtliche redde
dis iſt. Die entwrte ſprach: io es iſt den einne
treſtliche redde die sich hant fúrziggen aller eigin-
ſchaft in cit und in eewikeit und sich alleine hant 25
gekeret zů der eewigen worheithe; abber die das nút
důnt noch nút werdent důnde, die můsent sin eewek-
liche ungelthen. Der menſche ſprach: ach minnedes
herceliep mins, wie iſt die criftenheit so gar důmp
und so gar dorehthe das si nút annesiht diese grosen 30
wnder die du mit eime iegellichen menſchen súnder-
linge wrken woltheſt ebbe er selber mit sime eigin
friggen willen wolthe und dir, herceliep, alleine wolte
leren lebben und dir in allen dingen gehorsam sin.
Die entwrte ſprach: sage mir, was sol got in diesen 35

---

* *Schmidt* 135.

34 *nach* dingen: wolte *úbergeschrieben.*

cithen důn odder wie sol got den menſchen in diesen
cithen heimmelliche werden mit sinner gnoden? du
siſt selber wol das die criſtenheit in diesen cithen
von gotte flůhet; ich wil dir sagen, der menſchen
5 iſt gar zůmole lúccel das ioch gůtſchinnende menſchen
sint mit den got megge wrken sine (53ᵇ) heimmellichen
fúrborgennen werg, so siſt du selber wol das die ge-
meinde der criſtenheithe das meiſte deil in diesen
cithen lebbent rehthe also ebbe si nút sinne hetthent
10 und lebbent also debbige hůnde. Der menſche ſprach:
ach minnendes herceliep mins, das lo dich úrbarmen
das die welt also gar sinnelos worden iſt und úr-
barme dich ueber si. Die entwrte ſprach: důn uf
diene ŏgen und sich hinabbe under das garn. Der
15 menſche was gehorsam und siht hinabbe under das
garn und siht das men in der criſtenheit also gar
uſser mosen ſchemmeliche und súntliche lebbethe
und also gar onne alle gottes forthe und also gar
widder rehthe gewore criſtenliche ordenunge, bedde
20 weltliche und geiſliche menſchen, das dirre menſche
in cinne grose ueberswenkende úrberme fiel zů
bitthende fúr die criſtenheit und * ſprach: ach
minnendes hercekliches liepliches liep mins, wilt du
út von mir armen sneden unwrdigen creatůren ge-
25 litthen habben, das lidden si wie phinliche es welle,
das wil ich gewillekliche und gerne lidden, in der
meinungen das die criſtenheit ir lebben beſserthe.
Die entwrte ſprach: důn dich dirre redde abbe, du
solt wiſsen das fil dedde und fil blůthes fúrgoſsen
30 iſt durch der criſtenheithe willen, abber si hant es
hinne geworfen und hant sin gar fúrgeſsen. Der
menſche ſprach: sage mir, herceliep mins, was iſt
der sachen das die rehthen geworen criſtenlichen
ordenungen also gar sint umbegekeret und das die
35 criſtenheit also gar sere gekrenket und geswechet
worden iſt? Die entwrte ſprach: das wil ich dir
sagen; hiefor do hetthe die criſtenheit iren got und

---

* *Schmidt* 136.

iren heren also gar zûmole liep das si alle ire sachen
an got kommet mit groser demûthikeit, si dotthent
kein gros werg si hetthent denne getthelichen rot
derbi; ich wil dir sagen, hiefor wenne es beſchach
das der criſtenheite ein hŏbet abbeginc demme der 5
ſchlûſsel des gewaltes befolhen was, es wer ein geiſlich
hŏbet odder ein weltlich hŏbet, so gie die criſtenheit
zû an den es dernoch lag und fielent mit rehther
demûtikeit mit sante marria maddelenen criſtus zû
den fûsen und begerenthent an got das er in ein 10
hŏbet gebbe das imme selber aller lobbelicheſt were
und der criſtenheithe aller nucbereſt; so wil ich dir
sagen was got denne det, (54ᵃ) got der gie der und
gab in einen menſchen zû eime hŏbethe das in den
ursprunc gesehhen hetthe; der menſche kûnde und 15
mehthe ŏch wol die criſtenheit besorgen, und was das
sache das der selbe menſche den heiligen geiſt hette
zû helfe, und der heilige geiſt was ŏch in allen sachen
sin heimmelicher rotgebbe; und diese menſchen die
also uſser gotte wrdent úrkosen (!) zû grosen hŏbenthen 20
der criſtenheit, do wrdent ŏch grose helgen us, die
grose ewige ere for gotte sellent habbende sin. Lûge
umbe dich werzû es in diesen cithen kûmen iſt; ich
wil dir sagen werzû es in diesen cithen kûmen iſt;
es iſt in diesen cithen derzû kûmen, und ginge die 25
criſtenheit grose not anne, und kemme denne dirre
menſchen * eins das in sinnen urſprunc gesehhen hette
und wolte rot gebben, der rot derzû uſser demme
heiligen geiſte kemme, men hette dis menſchen rot
in diesen cithen fúr ein geſpetthe und hette diesen 30
menſchen fúr einnen doren, bedde geiſliche lúthe und
ŏch weltliche lúthe. Sich umbe dich wie es in diesen
serclichen cithen ſtot und werzû es kûmen iſt; ich
wil dir sagen, wie cleinne die criſtenheit dirre men-
ſchen ahthe het und wie faſte si diese menſchen fúr- 35

---

* *Schmidt* 137.

1 *lies* umb alle.   2 *lies* komment.   11 lebbelichest *oder*
lobbelichest; loblichest *G*; loblichost *K*.   20 *lies* hŏbethen.

trückent die in den urſprunc geſehhen hant, ſo ſolt
dn doch wiſſende ſin, wo dirre menſchen eins iſt
das in den urſprunc geſehhen hette, wer es ſache
das demme menſchen die criſtenheit alzůmolle mitthen-
5 ander befolhen wrde das er ſi noch rehther criſten-
licher ordenunge ſolthe usrihthen, das ſolte du
wiſen das detthe dirre menſchen eins wol und wer
imme öch gar liht zů důnde; und iſt das ſache das
der heilige geiſt dirre menſchen eins rotgebbe iſt.
10 Der menſche ſprach: ach minnendes herceliep mins,
gedenke deran das du die criſtenheit also gar důre
mit dieme koſperen blůthe köft heſt, ach liebe eewige
minne minne, und gedenke in dinner eewigen wisheit
etthelichen weg und ettheliche wiſen domitte du der
15 criſtenheite zů helfe kůmeſt das ſi etthewas bas in
beſſer ordenunge kůme. Die entwrte ſprach: důn
dich abbe dirre bette, got der het digke an die
criſtenheit fúrsůht und hilfet alles nút, die criſten-
heit wrt ie beser und ie beser; lo wir dieſe redde
20 abbe; ſage mir, wie fil findet men menſchen in dieſen
serclichen cithen die ioch gůtſchinnende menſchen
ſint, die in dieſen cithen den geworenſten ſicherſten
nehhenſten weg wellent ufgon zů demme geworen
urſprunge do alle beſchaffene dinc ſint us beſchaffen?
25 Du ſiſt ſelber wol, das in dieſen cithen gůthe men-
ſchen heiſſent und öch gůthe menſchen ſint, das die
iemer etthewomitthe behefthet und gefangen ſint das
(54ᵇ) ſi herwidder abbe zúhet uffe ire nattůre.
Der menſche ſprach: ſage mir, herceliep mins, wie
30 ſprichet men dieſen menſchen odder wie heisent
dieſe menſchen die in iren urſprunc geſehhen hant?
Die entwrte ſprach: * das wil ich dir ſagen, du ſolt
wiſen das dieſe menſchen iren nammen fúrloren
hant und ſint nammelos worden und ſint got worden.
35 Der menſche ſprach: ach minnendes herceliep mins,

---

* *Schmidt* 138.

3 geſebhet.   25 *lies* das die.

mich het diese redde gar eine fremmede redde das
du ſpricheſt das ein menſche got ſi worden. Die
entwrte ſprach: lo dich dis nút wnder habben, du
ſolt wiſſen, welre menſche hie in der cit derzů
kůmet das er umbe got úrwirbet das er wrt geloſsen   5
in den urſprunc sehhen, der menſche wrt got von
gnoden das got iſt von nattúren. Der menſche ſprach:
sage mir, herceliep mins, wie liep und wie wert heſt
du diese menſchen? Die entwrte ſprach: das wil
ich dir sagen, du ſolt wiſſen das got diese menſchen   10
also liep und also wert het, der dir es seithe du
mehtheſt sin nút fúrſton und mehtheſt sin mit allen
dinnen sinnen nút begriffen das du derfan geſchriben
mehtheſt. Der menſche ſprach: ach minnendes herce-
liep mins, mich het gros wnder das nút alle menſchen   15
ire hercen zůrzerent und zůrbrechent und illent und
iagent unce das si kemment zů dirre grosen erwrdigen
geselleſchaft. Die entwrte ſprach: das wil ich dir sagen,
du ſolt wiſſen das got het alle menſchen herzů ge-
ladden, abber ir iſt gar lúccel und gar wennig der   20
usúrwellenthen. Der menſche ſprach: ach minnendes
herceliep mins, heſt du diese menſchen súnderlinge
usúrwellet? Die entwrte ſprach: du ſolt wiſſen das
got den dot het gelitten fúr alle menſchen ge-
meinne, abber ich wil dir sagen, welle menſchen   25
sich brechent uſse irre nattúren und uſser irme eigin
willen und sich ganc und gar kerent zů der eewigen
worheithe, das sint die menſchen die do usúrwellet
sint die got meinnet, got het nieman usúrwellet denne
der sinnen willen důt; ich wil dir sagen, es darf   30
kein menſche gotte die ſchulde gebben noch den
besen geiſten; ich wil dir sagen, weller menſche den
rehthen weg wolte ufgon, demme solthent die besen
geiſte eine grose helfe sin, das es die besen geiſte
selber nút bekanthent; ich wil dir sagen, kein menſche   35
solthe nieman die ſchůlde gebben denne sin selbes
eiginwillige nattůre; ich wil dir sagen, men findet * gar

---

* *Schmidt* 139.

zůmole lúccel menſchen in diesen cithen die den
rehthen weg (55ª) wellent ufgon und den rehthen
weg wellent úrfolgen mit eime rehthen ſterbenden
lebbende ir selbes blůthes und fleiſches und sich
5 selber durch got wellent wogen unce in den dot
und demme wege wellent nochgon in rehther gelosen-
heithe den in ir hŏbet criſtus for iſt gangen; ich
wil dir sagen, du siſt selber wol wenne diese men-
ſchen die in diesen cithen lebbent diese herthen
10 hohen felse sellent criſtus noch ſtigen, so fallent
si alles húnder sich herwidder abbe uffe ire nattůre
odder blibent abber ſtille ſtonde das si nút fúrbas
ufgont uffe die gerehthe gewore ſtrose die do get
zů demme urſprunge.   Der menſche ſprach: ach
15 minnendes herceliep mins, ich getrůwe das men noch
wol menſchen in der cit fúnde, woſtent si oder
kůndent si die rehthe ſtrose, si gingent fúrbas uf.
Die entwrte ſprach: es darf sich nieman unſchůldigen,
es iſt gar lúccel menſchen in diesen cithen si wiſsent
20 wol einen nohern rehthern weg, wolthent eht si in
gon; ich wil dir sagen, welre menſche sine rehthe
fúrnúmfthige sinne het, lit der selbe menſche inme
garne mit dotsúnden gefangen, so bekennet doch der
selbe menſche wol das got úrbarmehercig iſt und
25 weis das wol, get er uſser demme garne mit eime
fúrweggenen kůnen gemůthe und mit eime krefthigen
widderkerenden růwen, das got denne gar barmhercig
iſt und imme an ſtette sinne hant bůthet und imme
uſser demme garne hilfet und den menſchen fúrbas
30 uf fůret ebbe imme der menſche selber mit sime
eigin willen folgen wil.
   Der menſche ſprach: ach minnedes herceliep mins
und iemerwerendes herceliep, wenne kůnde ich odder
mehthe ich min herce in mime liebe in důsent ſtúcke
35 zůrſpalthen und zůrdeilen dir, minnendes herceliep,
zů eren, das wolte ich gewillekliche und gerne důn,
wenne ich habbe befunden das du mit mir armen
sneden creatůren wnderliche uebernattúrliche wnder
heſt gewart, und heſt mich grose wnder gelosen

sehhen und * heren mit so groseme liehtricheme
underſcheide das ich nút unweis was ich me bitthen
odder begeren sol, ich kan noch unmag númme
bitthen noch begeren denne das din liebeſter wille
follebroht werde in allen dingen. (55ᵇ) Die entwrte 5
ſprach: das wil ich dir sagen, du solt wiſsen das es
nút wnder iſt das din herce und diene selle fȯl
frĕden sint, wenne die frĕde die du gesehhen heſt
die iſt also gros geggen aller der welthe frĕde also
ein troffe waſsers iſt geggen demme gancen mere. 10
Der menſche ſprach: ach minnendes herceliep mins,
mich het gros wnder das dich nút alle criſtonne
menſchen also gar liep hant das in ir herce in irme
libe wrde wallende und dobende von minnen. Die
entwrte ſprach: also worent hiefor in etthelichen 15
cithen criſtonne · menſchen, abber die menſchen die
in diesen serclichen cithen lebbende sint, die hant
wol einen criſtonnen nammen, abber ire minne iſt
uffe ire selbes eigin nattŭre gekeret. Ich wil dir
sagen, wir sellent dirre redde ende gebben, anders 20
wir kŭment zŭ fere drin und wurde ȯch zŭ lanc.
Sage mir, das ich dich nŭ freggen wil, sage mir,
heſt du wol fúrſtanden was got mitthe meinde do er
dir also gros hoch seewehthe gebirge fúrhŭp, do
ȯch fil fisſche uffe was und die fisſche das hohe 25
gebirge ueber die grosen felse ueber abbefielent, und
do si do herabbe komment wie si do durch alle
waſser, durch alle die welt liefent und wie fil ir
dozwiſsent gefangen wart, und do si do die welt
umbe geliefent und do herwidderumbe koment an 30
das erſte gebirge wie lúccel der fisſche do worden
was, und die selben sehhe du das si das selbe hohe
gebirge uffſtiggent ueber die hohen felse do das
fallende waſser . geggen in herabbe fiel, und also digge

---

* *Schmidt* 140.

24 seewehthe, *allem Anschein nach dem Schreiber nicht
recht verständlich und deshalb ausgewischt.*

diese fisſche obbenan an das gebirge koment, so
fielent si alles herwidder abbe und fiel ir ie ein deil
zů dode; dis sehe du das diese fisſche also digke
und also fil tribbent ebbe si ie ueber die herthen
5 hohen felse koment, das der fisſche gar zůmole lúccel
wart, und du sehhe wol das der fisſche also gar
zůmolle lúccel widder uffe den hohen berg komment,
das du wnder drabbe nemme; nů * sage mir, fúrſtoſt
du noch was got mit diesen dingen meinde das er
10 dir diese bilde fúrhůp in einer sollichen gesihthe?
Der menſche ſprach: ach minnendes herceliep mins,
ich fúrſton es nům erſt rehthe wol, ich bekenne nů
wol das es ein biceihen, eine gelichnisſe was aller
dirre dinge die du mich heſt gelosen sehhen und
15 heren. Die entwrte ſprach: ich wil dir sagen, es
mag nút anders sin es get nů rehthe an ein ſcheiden,
das ich dir urlop gebben wil, und wir sellent ŏch
dirre redde und dirre gesihthe rehthe nů ein ende
gebben, und es iſt ŏch gnůc zů dieseme molle ge-
20 ſchribben. Der menſche ſprach: ach minnendes
herceliep mins, ich ferthe das die criſtenheit dirre
redde die an dieseme bůhe ſtot nút glŏbende werde.
Die entwrte ſprach: das wil ich dir (56ª) sagen, du
solt wiſsen, wil die criſtenheit dirre redde nút glŏben,
25 das iſt ein gewor zeihen das es sercliche in diesen
cithen umbe die criſtenheit ſtet, und iſt das sache
das die gemeinde der criſtenheithe alle dinc wellent
habben uſser iren sinnen und wellent keinnen glŏben
habben an die geworen gottes frúnde; ich wil dir
30 sagen me, das die gemeinde der criſtenheithe der
geworen gottes frúnde also gar lúccel ahthe het und
si also lúccel rothes froget und si zů keinnen dingen
zúhet und aller geworer criſtenlicher ordenunge also
gar fúrgeſsen iſt, dofan wrt es got uffe eine cit
35 losen lŏſende das die criſtenheit ire hende werdent
zůsammene windende. Der menſche ſprach: ach
minnendes herceliep mins, die geworen gottes frúnde

---

* *Schmidt* 141.

die sint der gemeinde der criſtenheithe gar unbekant.
Die entwrte ſprach: das iſt wol wor, abber die ge-
woren gottes frúnde den iſt gar bekant der criſten-
heithe falſheit. Der menſche ſprach: sage mir,
herceliep mins, ebbe nů die gemeinde der criſtenheit 5
gerne rothes fregen wolthe die geworen gottes frúnde,
so bekanthent si ir doch nút. Die entwrte ſprach:
das wil ich dir sagen, du solt wiſsen das die ge-
meinde der criſtenheithe in diesen serclichen cithen
nút wrdig iſt das si die rehtſchúldigen geworen gottes 10
frúnde úrkennen megent, und iſt das sache das got
wol bekennende iſt das si in * nút folgenthent und
si derzů fúrtrůtthent; got der bekennet wol das die
gemeinde der criſtenheite nieman bas folgende iſt
denne diesen farseus die afther wege lŏfent mit fil 15
behenden worthen. Der menſche ſprach: ach herce-
liep mins, es iſt wor, men glŏbet gar faſte in diesen
cithen an die menſchen die fil klůger behender
worthe hant, und si hant nút also grosen glŏben das
du mit dinnen rehthen geworen frúnden wrkeſt grose 20
heimmelliche fúrborgene werg. Die entwrte ſprach:
das wil ich dir sagen, du solt wiſsen, welre menſche
nút glŏbet das got in diesen cithen mege mit sinnen
frúnden wrken sinne heimmellichen werc also wol
also er hiefor det in der alden e und in der nůwen 25
e, wer der menſche iſt der iſt nút ein criſtonmenſche,
wenne er glŏbet nút das got ie und iemer me ge-
liche gewaltig iſt gesin. Der menſche ſprach: ach
minnendes herceliep mins, die gemeinde der criſten-
heit ſprechent die criſtenheit si nů zů ir selber 30
kůmen, si derfe nůme das men ir zeihen důn durch
dinne frúnt also hiefor fil beſchach. Die entwrte

---

* *Schmidt* 142.

6 fregen *wohl eher als* frogen; fr. wolthe *über aus-
gestrichenem* freggen hant *(?)*.   13 fúrtrůtthent *vgl. VJ* 7, 24.
15 *lies* fariseus; *neben richtiger Flexion kennt auch M für alle
Kasus im Plural die Form* phariseus, *vgl. unten* 163, 17. 22.
31 *lies* dů.

fprach: (56ᵇ) sage mir, ift die criftenheit zů ir selber
kůmen? du solt wifsen das die criftenheit in fil
hůndert ioren nie so fafte fan ir selber kam also in
diesen serclichen geggenwerthigen cithen; ich wil
5 dir sagen, got der het die criftenheit in kůrcen
cithen sinnen gewalt urzĕget, doch gar milthekliche,
mit der fterbotthen, und got der weis das wol und
siht das wol das es gar lúccel geholfen het und gar
unfúrfencliche ift gesin, und siht das sich sidder
10 her die criftenheit alle cit ergert und ie beser und
ie beser wrt; ich wil dir sagen, du solt wifsen das
es der criftenheite in fil hůndert ioren nie so not
gethet das men si lerthe den rehthen weg ufgon,
also es detthe in diesen geggenwerthigen cithen; du
15 solt wifsen, die criftenheit gont in diesen cithen also
fúrirrethe fchof. Der menfche fprach: ach minnendes
herceliep mins, die gemeinde der criftenheite glŏbent
den gottes frúnden nút und fprechent: was si sagent?
got der gelies sinne eigine můther nie befinden was
20 er důn wolthe. Die entwrte fprach: das ift wol wor
in einnen weg; ich wil dir sagen, got * lies sinne
můther nút befinden das den fatter alleine angehorthe
zů wifsende, abber got lies sinne můther wifsen und
befinden alles das ir zůgehorthe, grose wnderliche
25 fremmede wnder, und dis det got ŏch sinnen lieben
gungern also fil also eimme iegellichen zůgehorthe,
und dernoch allen sinnen lieben helgen; bedde in
der althen e und in der nůwen e wrkede got mit
eime iegellichen sin sůnder werg also fil also eime
30 iegellichen zůgehorthe, und hie us hant si uns ŏch
gefchribben, bedde in der althen e und in der
nůwen e; diesen gewalt het got ie gehebet und het
in iemer me onne ende, und got wrked noch hůthe
dis dages mit sinnen frúnden in dirre cit grose
35 heimmelliche fúrborgene werg; und wer dis nút un-
glŏbet, des fal hebbet hie in der cit an zů fallende

---

* *Schmidt* 143.

9 unfúr fencliche.   25 fremme.

und mûs eewekliche fallende sin. Der menſche
ſprach: ach minnendes herceliep mins, wolle einne
úrſchreckenliche redde dis iſt den annefohenden
menſchen die erſt uſer demme garne gelöffen sint
und sich nû hûthent vor dotsúnden und gerne ir 5
lebben beſserthent, und doch nút grosen glöben an
die gottes fründe habben wellent, und si fúrſtont
ŏch der gottes fründe redde nút. Die entwrte ſprach:
das lo dich nút wnder habben das diese annefohhenden
menſchen der gottes fründe nút fúrſtont; sage mir, 10
wie soltent si die gottes fründe fúrſton, so [(57ª) si
noch keine tugende geûbet hant? ich wil dir sagen,
du solt wiſsen daz disen anefohenden menſchen gar
núzze were das si sûchtent einen gottes frúnt deme
si wol getruwetent und sich deme liesent an gottes 15
ſtat und mit deme alleine sine (!) rede hette, und sich
dernoch hûte mit allem fliſse vor den fariseus die
in diesen ziten after wege löfent mit vil klûgen be-
henden worten der men ein teil nút wol mit der
heiligen geſchrift beweren mag; der rede wil haben, 20
der gange und hôre offene lere und hûte sich vor
den fariseus; du solt wiſsen daz die zit gar faste
nohende iſt daz allen einfeltigen menſchen not tût
zû fliehende under daz crúce criſtus. Der menſche
ſprach: ach minnendes herzeliep mins, mir iſt, wer 25
der menſche were, wie einfeltig er were, der ein
ganzes ſtettes fúrmôgen in ime fúnde * dir alleine
zû lebende und allen creaturen urlop zû gebende,
wer der menſche were, ich getruwe daz du in nút
lange ellende lieſseſt, du kemeſt ime zû helfe mit 30
diner befintlichen gnoden. Die entwurte ſprach: daz
wil ich dir sagen, got der were also milte sine gnode
zû gebende also er ie wart, fúnde er bereite fas derzû
do sine gnode in gehorde; ich wil dir sagen, die
menſchen die nu lebent die wellent alles gerne 35
ettewas habende sin; das solt du wiſsen, den git got

_____

* *Schmidt* 144.

163, 11—167, 19 *sind im Original verloren gegangen.*

nút sine fúrborgenc befintliche gnode: ich wil dir
sagen, daz so lúzel menſchen in disen sôrclichen
ziten der gôttelichen gnoden befintliche sint, daz iſt
des ſchult daz so lúzel menſchen in disen sôrclichen
5 ziten lebent die sich kerent mit eime feſten ganzen
ſtetten fúrwegenen gemûte und willen und mit einer
rehten demútigen underworfenen gelosenheit kerent
zů der ewigen worheit; ich wil dir sagen, wo ein
menſche were der dis fúrwegene gemûte hette, so
10 wart got nie so bereit sine gnade zů gebende, er si
in disen sôrclichen ziten also bereit. Der menſche
ſprach: ach minnendes herzeliep mins, wenne (57ᵇ)
wurde dirre menſchen vil die dine gnode úrwúrbent,
so getruwe ich daz din zorn wurde senfter und
15 milter und du dich wurdeſt erbarmende úber die
criſtenheit. Die entwurte ſprach: daz wil ich dir
sagen; du ſpricheſt got wurde sich erbarmende úber
die criſtenheit; du solt das fúr die rehte worheit
wiſsen daz sich got in vil hundert iaren nie so
20 grôsliche und so vil erbarmete úber die criſtenheit
also in disen sôrclichen gegenwertigen ziten; und
wil dir sagen was der sachen iſt; du solt wiſsen das
die sache iſt daz got in disen ziten der criſtenheit
gar vil unordenunge und gar vil súnden geſtattet,
25 derumbe der vatter die criſtenheit vor langen ziten
wolte han gelosen undergon untze an ein teil men-
ſchen, do gie der sun alles darunder und bat den
vatter umbe ein uffchlach. Der menſche ſprach: ach
minnendes herceliep mins, gedenke an dinen bittern
30 tot und an din ellendes ſtrenges liden, und úrbarme
dich uber die criſtenheit und fúrzúch es noch fúrbaz
unze daz sich die criſtenheit gebeſsere. Die ent-
wurte ſprach: waz wilt du * daz got tû, du heſt
doch selber wol gesehen und gehôret daz die criſten-
35 heit uſser aller geworer criſtenlicher ordenunge
kumen iſt; du solt wiſsen daz die criſtenheit in
disen sôrclichen ziten also gar uſser aller ordenunge

---

* *Schmidt* 145.

kumen ift und alſo gar fleifchliche und alſo gar
ſchemelichc und alſo gar one alle rehte gôtteliche
forhte lebet, daz daz ſache iſt daz ez der vatter
keine lenge me liden wil. Der menſche ſprach: ach
minnendes herzekliches liepliches liep mins, úrbarme 5
dich durch diner minnenden grundelosen barmherze-
keit willcn úber die criſtenheit. Die entwurte ſprach:
du ſolt wiſsen daz die criſtenheit zû gar húnder ſich
gangen iſt daz es die gerehtekeit gottes die lenge
nút liden wil, und wenne di zit kumet, ſo iſt dine 10
bette us und aller menſchen bette, und mûs ôch
denne die erbermede swigen und mûs losen den vatter
ſinen einbornen sun (58ª) rechen alle die unere die
ime erbotten iſt und die ime in disen sôrclichen ziten
alle zit und alle ſtunde úrbotten wurt. Der menſche 15
ſprach: ach minnendes herceliep mins, ich cnwcis
was ich me ſprechen oder bitten ſol, wenne das ich
begere an dich daz du dich erbarmeſt úber din volk.
Die entwurte ſprach: ich wil dir sagen, wir sôllent
dirre rede und dirre geſihte und diseme ſchribende 20
zû diseme mole ein ende geben. Der menſche
ſprach: ach minnendes herceliep mins, gip urlop mir
armen snôden unwurdigen menſchen noch nuwent
ein einigeſtes wôrtelin dich zû frogende. Die ent-
wurte ſprach: nu froge ane, und gebúte dir ôch daz du 25
dernoch zû diseme mole ein einigeſt wort núme frogeſt.
Der menſche ſprach: sage mir, minnendcs herzeliep
mins, die menſchen die du loſt in iren urſprung sehen,
sehent die selben menſchen uffe die selbe zit wolle
ganze frôde? Die entwurte ſprach: das wil ich dir 30
sagen und habe dirs ôch me geseit; du ſolt daz wiſsende
sin, welre menſche umbe got úrwirbet daz er in den
urſprung wurt sehende, die frôde iſt uffe die ſtunde
alſo gros, der alle die natúrliche frôde neme die uffe
ertriche ie kam oder iemer druf kumen ſol, die wer 35
nochdenne nút alſo gros dergegene zû zallende also
ein tropfe waſsers gegen deme ganzen * mere: ich

* *Schmidt* 146.

wil dir sagen me, welre menſche hie in der zit
derzů kumet daz er wurt gelosen sehen in den ur-
ſprung, wer der menſche iſt, den wurt ein blik ge-
losen sehen uſser der ewigen vollekumenen frŏden;
5 ich wil dir sagen, der selbe blig iſt nochdenne also
kleine wider der vollekomenen iemerwerenden ewigen
frŏden also ein tropfe waſsers wider allen deme
waſsere daz got ie beſchůf. Ich wil dir sagen, nút
lo dich wunder haben daz dich got vil bilde het
10 gelosen sehen und ŏch vil in bilden zů dir geret
iſt; du solt wiſsen, men mŏhte ez anders nút zů
han broht daz ez demme menſchen zů fúrſtonde wer
gewesen; ich wil dir sagen, do sant peter der blig
wart gelosen sehen, do fúrgas er sin selbes und
15 wuſte nút waz ez waz oder waz er rette, wenne
daz er ſprach: hie (58ᵇ) iſt gůt sin; ich wil dir
sagen me, do sant paulus der blig wart gelosen
sehen, do wuſte er ŏch nút wie ime beſchehen waz,
er wuſte nút obe die sele in dem libe oder one den
20 lip waz; ich wil dir sagen, sant paulus trůg ein
crúce unze in sinen tot und gap do sin hŏbet
drumbe; ich wil dir sagen, ein innewendig fúrborgen
crúce solt du tragen unze in dinen tot, und sol ŏch
daz dine leze sin wenne ich nu zůmole núme rede
25 mit dir haben wil; und du solt wiſsende sin daz dir
got nút anders tůt denne er vor sinen lieben fründen
geton het. Der menſche ſprach: ach minnendes
herzeliep mins, ich begere noch meine nút anders
denne daz din allerliebeſter wille vollebroht werde
30 in zit und in ewikeit, und minne noch meine nút
anders denne dime geworen bilde criſtus nochzů-
gonde, also fere es an mir armen creaturen múge-
liche iſt, unze in minen tot.
    Do disen menſchen dise grosen wunder alle wider-
35 fůrent und dis bůch ganz und gar geſchriben wart,
do nam got diseme menſchen alle die lúſtlichen
goben und mahte disen menſchen also arm also obe
er nie nút von gotte befunden hette, und gab ime
derzů die aller grŏſten bekorungen die úber menſch-

lich sinne treffent; und dirre menſche fúrsiht sich
daz er dise grose bekorungen mûsse haben unze in
sinen tot, und dirre menſche begeret ŏch nút anders
denne zů lidende.

* Dis bûch wart anegevangen zů ſchribende in der 5
vaſten in deme iare do men zalte von gottes ge-
burte tusent iar und viertehalp hundert iar und
zwei iar. Nieman bedarf noch ensol frogen wer der
menſche si durch den got dis bûch geſchriben het,
wenne dirre menſche getruwet der gûte gottes gar 10
wol daz si ie behûte und beſchirmen sol daz es bi
sime erlebende niemer creature befinden sol. Und
wer an diseme bûche lesen wil, der hebe vornan an
zů lesende und lese es unze an das ende us, er
fúrſtot anders der sinne nút rehte wol die an diseme 15
bûche geſchriben ſtont; und wer denne der menſche
iſt der dis bûch von vornan an unze an daz ende
usliset oder hŏret lesen, beſsert der menſche sin
leben] (59ª) nút von dirre núccen warnenden lere,
die got selber gesant het durch eine arme creatûre, 20
wer der menſche iſt und sin lebben hiefan nút
beſsernde iſt, der mag wol úrſchrecken und ferthende
sin das got werde etthewas fallendes ueber in fúr-
hengende, bedde hie in der cit und dernoch eewek-
liche. Das wir uns von dirre núccen warnenden 25
lere unser lebben wol beſserde werdent, das helfe
uns die craft des fatters und die wisheit des sûnes
und die minne des heilligen geiſtes. ammen. Ge-
denkent durch got des armen menſchen durch den
got diese warnende lere geſchribben het. 30

* *Schmidt* 147.

26 *lies* bessernde. 28 *Im Gr. Memorial schließt das
Neunfelsenbuch unten auf Bl.* 192ª *mit* Amen. *Der Satz*
Gedenkent — het *ist nicht mit aufgenommen. Ebenso in der
Mayhinger Hs. fol.* 4.

Nachtrag

zu S. 139, 21 Lesarten: Der von K. Schmidt in seiner Aus-
gabe S. 122 f. Anm. als Zusatz gefaßte, nach Cod. E wieder-
gegebene Text lautet:

Der menſche ſprach: ach herzeliep mins, dise rede het
mich gar eine frômede rede das dn ſpricheſt du welleſt mich
armen ſúnder den urſprung losen sehen.

Dise hinderſte rede iſt wie dirre menſche von got be-
twungen wart daz er selber můſte sehen in den urſprung.

Die entwurte ſprach: Tůn uf dine inren ŏgen und ſift
gehorsam, du můſt selber in den urſprung sehen.

Betreffs der in den Dialog eingefügten Überschrift s. die Les-
arten zu S. 21, 31. 23, 33. 25, 15 usw.

Die Alphabete I Rulmann Merswins und II des Gottesfreundes au